KUNST GEGEN MISSBRAUCH

Herausgegeben von Nezilla & Julia Wege

NEZILLA
HOCHSCHULE RAVENSBURG-WEINGARTEN UNIVERSITY OF APPLIED SCIENCES
CHILDHOOD
WORLD CHILDHOOD FOUNDATION
FOUNDED BY H.M. QUEEN SILVIA OF SWEDEN
Fraunhofer IPA
Baden-Württemberg
LANDESKRIMINALAMT

IMPRESSUM

220 Seiten mit 57 Abbildungen

Bibliografische Information der Deutschen Nationalbibliothek
Die Deutsche Nationalbibliothek verzeichnet diese Publikation in der Deutschen Nationalbibliografie; detaillierte bibliografische Daten sind im Internet über http://dnb.dnb.de abrufbar.

ISBN 978-3-96176-315-3

Lektorat und Projektbetreuung: Julia Wege, Franziska Grau
Gestaltung: raumkontakt GmbH

Printed in Europe by Nünnerich-Asmus Verlag & Media
Weitere Titel aus unserem Verlagsprogramm finden Sie unter:
www.na-verlag.de

Nünnerich-Asmus Verlag & Media GmbH, Krämerstraße 25, 55276 Oppenheim am Rhein
E-Mail: verlag@na-verlag.de

Veras Geschichte

»WENN ICH AUS DEM FENSTER SCHAUE UND DIE TIERE DRAUSSEN BEOBACHTE, MERKE ICH NICHT, WAS ER MIT MIR MACHT. ICH VERLIESS REGELRECHT MEINEN KÖRPER. ICH SCHICKTE MEINE SEELE FORT, DAMIT SIE IN SICHERHEIT WAR.«

INHHALTS-VERZEICHNIS

VORWORT DER HERAUSGEBERINNEN

NEZILLA, JULIA WEGE

MISSBRAUCH IST EIN GESELLSCHAFTLICHES THEMA, DAS UNS ALLE BETRIFFT.

Kunst hat die Fähigkeit, Emotionen auszudrücken, zum Nachdenken anzuregen, verschiedene Perspektiven aufzuzeigen und einen Raum für Dialog zu schaffen. Kunst kann Unsichtbares sichtbar machen. Und das ist unser Anliegen mit der vorliegenden Publikation „Kunst gegen Missbrauch“ und der gleichnamigen Wanderausstellung. Denn Missbrauch ist ein gesellschaftliches Thema, das uns alle betrifft. Es hat tiefgreifende Auswirkungen auf die Betroffenen, die oftmals für immer mit den damit verbundenen Verletzungen leben müssen. Missbrauch beeinflusst aber auch das soziale Miteinander und wie wir mit dem Thema in der Gesellschaft umgehen.

Wir laden Sie dazu ein, sich mit der partizipativen Installation der Künstlerin Nessi Nezilla, den eindrucksvollen Fotografien sowie den praxisorientierten und wissenschaftlichen Texten auseinanderzusetzen. Nur durch Dialog und Verständnis gelingt es, das Thema in die Mitte der Gesellschaft zu rücken und den Blick für dieses tabuisierte Thema zu schärfen.

Felicitas Yang und Armando Milano haben die künstlerischen und bewegenden Fotografien erstellt. Zu sehen sind reale Tatorte, an denen Missbrauch stattfinden kann. Diese Aufnahmen machen nachdenklich, denn es sind Orte des Alltags, wo sich Kinder und Jugendliche aufhalten und eigentlich sicher fühlen sollten: Zuhause, in der Schule, in der Kirche oder im Krankenhaus. Unser besonderer Dank gilt den Fotograf*innen, die sich diesem tabuisierten Thema mit viel Empathie, Feingefühl und künstlerischer Professionalität angenähert und wirkungsvolle und ausdrucksstarke Fotos für die Wanderausstellung erstellt haben.

EIN SIGNAL DER HOFFNUNG FÜR ALL DIEJENIGEN, DIE IN DER DUNKELHEIT LEBEN.

Ohne die Unterstützung von starken Partnern wäre die Ausstellung nicht möglich gewesen. Wir danken dem Landeskriminalamt, und hier insbesondere dem Präsidenten Andreas Stenger, sowie dem Fraunhofer-Institut IPA mit Dr. med. Urs Schneider und der World Childhood Foundation. Durch die vielfältige Unterstützung der RWU Hochschule Ravensburg-Weingarten war es uns möglich, die Kunstausstellung dort erstmalig der Öffentlichkeit zu präsentieren. Die Wanderausstellung wurde nicht nur von der interessierten Öffentlichkeit wahrgenommen, insbesondere die Studierenden von unterschiedlichen Fachrichtungen zeigten sehr großes Interesse. Darüber hinaus wurde in verschiedenen Lehrveranstaltungen das Thema aufgegriffen und die Ausstellung in Vorlesungen integriert.

Wir freuen uns, dass wir die vorliegende Publikation im Nünnerich-Asmus Verlag veröffentlichen konnten. An dieser Stelle danken wir besonders der Verlegerin Dr. Annette Nünnerich-Asmus, dass sie uns von der ersten Ideengebung bis zur Veröffentlichung professionell begleitet und unterstützt hat. Die Publikation richtet sich an Auszubildende, Studierende, Fachkräfte und die interessierte Öffentlichkeit.

Wir danken allen Beteiligten, die an diesem wichtigen Projekt mitgewirkt haben, für ihr großes Engagement und ihre Leidenschaft. Die künstlerischen Werke sind ein kraftvolles Zeugnis im Kampf gegen Missbrauch und ein Signal der Hoffnung für all diejenigen, die oftmals in der Dunkelheit leben. Lassen Sie uns gemeinsam dieses Thema sichtbar machen!

Nezilla

Prof. Dr. Julia Wege

VORWORT KUNST GEGEN MISSBRAUCH! EIN PARTIZIPATIVES PROJEKT

GESA WIECZOREK

Ein Umkleideraum, eine Sporthalle, eine Schrebergartenhütte, ein Klassenzimmer, ein Kirchensaal – Felicitas Yang und Armando Milano konfrontieren die Betrachtenden ihrer Fotos mit menschenleeren Räumen, die Rätsel aufgeben (Kat. 37-73). Was sollen wir hier entdecken? Auf der Suche nach Hinweisen scannt das Auge die verlassenen Kirchenbänke (Kat. 50), schweift das zerwühlte Krankenhausbett (Kat. 66) und geht die Tische im Klassenzimmer ab (Kat. 41). Dabei stößt es auf Spuren der Geschehnisse, die sich hier abgespielt haben müssen. Auf der Kirchenbank ist etwa – mit seiner hellbraunen Farbe auf dem Holz kaum auszumachen – ein kleiner gehäkelter Hase zu sehen. Im Umkleideraum liegt eine pinke Trinkflasche mit Elefantenmuster (Kat. 69). Im Klassenzimmer wurden ein Heft und ein Turnbeutel zurückgelassen. In den „leeren" Räumen müssen sich Kinder aufgehalten haben. Wo sind diese Kinder und was ist mit ihnen geschehen?

EINE LEERSTELLE, DIE DIE FANTASIE DER BETRACHTENDEN AKTIVIERT.

Yang und Milano wenden eine Methode an, die Wolfgang Kemp (1985, S. 262-278) am Beispiel des Gemäldes „Der Tod des Marschall Ney" von Jean-Léon Gérôme analysiert hat. Das 1868 entstandene Bild zeigt den Leichnam Michel Neys, der nach der Wiederherstellung der Bourbonen-Monarchie im Jahr 1815 angeklagt wurde, ein Verbündeter Napoleons zu sein und als Hochverräter hingerichtet wurde. Gérômes Gemälde ist so außergewöhnlich, weil es diese Geschichte gar nicht erzählt, sondern seine Betrachtenden dazu bringt, das Ereignis selbst zu imaginieren. Anstatt die Erschießung des Marshalls zu zeigen, lenkt das Bild den Blick auf eine scheinbar nackte Wand. Auf diese Weise springt der durchgestrichene Schriftzug „VIVE L'EMPEREUR" und ein weiteres „VIVE" ins Auge, die in Verbindung mit den Einschusslöchern rechts daneben erahnen lassen, was hier passiert ist (Kemp 1985, S. 268-269). Kemp (1985, S. 263) bezeichnet die Wand als „Leerstelle", die die Fantasie der Betrachtenden aktiviert. Die Erschießung des Marschalls findet nicht im Bild, sondern im Kopf statt.

WAS UNSICHTBAR BLEIBT, DRÄNGT SICH AUF.

„Der Tod des Marschall Ney“[1] nimmt die Ästhetik des Kriminalfilms vorweg und ist damit eines von vielen Werken, die dazu beitragen, dass die Betrachtenden auch die Räume in Yangs und Milanos Fotos als Tatorte identifizieren (zum Kriminalfilm vgl. Buhl 2020, S. 477). So wie die Betrachtenden vor Gérômes Gemälde versuchen, den Tathergang herzuleiten, werden Sie auch beim Anblick der fotografierten leeren Säle zu Ermittelnden. Hier finden sie keine Leiche vor, dafür aber die zurückgelassenen Gegenstände, die als pars pro toto für die Kinder stehen, die sie verwendet haben. Was mit ihnen genau geschehen ist, verraten die Bilder zunächst nicht.
Die „Leerstelle“ muss von den Betrachtenden gefüllt werden. Aufgrund der erschreckenden Schlagzeilen, die im Jahr 2010 zum ersten Mal die deutschen Medien beherrschten, lassen die Aufnahmen jedoch einen schrecklichen Verdacht entstehen:

DIE AUFDECKUNG VON MISSBRAUCH ERSCHÜTTERTE INSTITUTIONEN, DOCH DAS SCHWEIGEN BESTEHT FORT.

Mit einem Brief, den der Pater und Schulleiter des jesuitischen Canisius-Kollegs Klaus Mertes am 19. Januar 2010 an 600 ehemalige Schüler schrieb, erfuhr erstmals eine breite Öffentlichkeit von dem systematischen Missbrauch von Kindern und Jugendlichen in einer Einrichtung der katholischen Kirche. Am 28. Januar berichteten der Berliner Tagesspiegel und die Berliner Morgenpost über das Schreiben und der Skandal nahm seinen Lauf (Vieth-Entus 2010; Anker/Behrendt 2010). Mehr und mehr Fälle in anderen Städten und Einrichtungen wurden öffentlich bekannt, die teilweise von ranghohen Vertretern der Kirche jahrzehntelang vertuscht worden waren. Auch in der evangelischen Kirche begann damit die öffentliche Aufarbeitung sexualisierter Gewalt gegen Kinder und Jugendliche in ihren Institutionen (vgl. dazu Kowalski 2018). Mit dem Skandal um die Odenwaldschule im selben Jahr wurde klar, dass der sexuelle Missbrauch von Kindern auch an anderen pädagogischen Einrichtungen, privater oder staatlicher Trägerschaft, betrieben wurde und Betroffene lange Zeit kein Gehör fanden (Keupp et al. 2019). Seither ist die Aufmerksamkeit für das Thema im institutionellen Bereich gestiegen. 2022 legte die Aufarbeitungskommission etwa einen Bericht zur sexualisierten Gewalt im Sport vor (Rudolfs et al. 2022). Dennoch wird der sexuelle Missbrauch von Kindern und Jugendlichen noch immer viel zu häufig verschwiegen oder bleibt unentdeckt. Dies gilt gerade auch für den privaten Bereich. Mit dem Foto des Betts in der Schrebergartenhütte spielen Yang und Milano etwa auf einen 28-jährigen Täter an, der sich gemeinsam mit anderen Männern teils tagelang an Kindern in der Gartenlaube seiner Mutter vergangen hatte (lmd/dpa/AFP 2021).

[1] *Jean-Léon Gérôme. Der Tod des Marschall Ney, 1855-1865, Sheffield Museum, Graves Gallery https://www.sheffieldmuseums.org.uk/collections-stories/search/details/the-execution-of-marshal-ney/16126*

DIE NORMALITÄT ALS MÖGLICHER TATORT.

Yang und Milano zeigen keine tatsächlichen Tatorte bekannter Missbrauchsfälle, sondern präsentieren Räume, die diesen ähneln und welche die Gefahr bergen, dass es hier zu Übergriffen kommen kann. Bei den Fotos handelt es sich um Analogaufnahmen, für die immer der gleiche Film und hauptsächlich dieselbe Linse verwendet wurde. Auch der Kamerawinkel liegt fast bei allen Fotos bei 45 Grad. Auf diese Weise evozieren die Bilder den Eindruck objektive, nicht manipulierte Beweisfotografien zu sein. Gerade diese Nüchternheit ruft in Verbindung mit der „Leere" der Räume aber ein unheimliches Gefühl hervor. In Fotos wie dem der Schrebergartenhütte verstärkt sich dieses zusätzlich durch die Schatten- und Lichtregie.

Beim Abschreiten der Bilder wird deutlich, dass Kindesmissbrauch an jedem Ort geschehen kann. Nicht nur die Kirche, die Schule oder der Sportverein als Räume, auf denen bereits eine größere Aufmerksamkeit liegt, können zu Tatorten werden, sondern auch das private Kinderzimmer, nicht zuletzt auch durch Übergriffe durch die eigenen Eltern. Teilweise dienen die Utensilien in den verlassenen Zimmern wie das Graffiti auf Gérômes nackter Wand als Indizien für die andernorts stattgefundenen Verbrechen, die jedoch erst als solche erkannt werden, wenn man sich mit dem Thema beschäftigt. Die Spielkonsole im Kinderzimmer (Kat. 56) kann beispielsweise als ein Medium der Kontaktaufnahme zwischen pädophilen Täter*innen und ihren Opfern fungieren. Das Kompetenzzentrum von Bund und Ländern jugendschutz.net (2020) warnt vor Apps mit Chat-Funktion, über die Fremde mit Kindern und Jugendlichen kommunizieren können, ohne dass es die Eltern mitbekommen.

DIE KUNST WIRD ZUM WERKZEUG DER AUFKLÄRUNG UND AUFRUF ZUM HANDELN

Indem Yang und Milano die Betrachtenden in die Rolle der Ermittelnden versetzen, bringen sie sie dazu, aktiv zu werden und sich zu informieren. Auf diese Weise wächst ein tieferes Verständnis für die potenziellen Gefahren, das zu einem wachsameren Umgang mit dem Thema Kindesmissbrauch führen soll. Dies ist die Intention des Projekts „Kunst gegen Missbrauch“, zu dem die Fotos gehören und das die Künstlerin Nessi Nezilla Ende 2022 initiierte. Es begann mit einer Reihe von Installationen, die Nezilla regelmäßig erweitert und für die sie die Öffentlichkeit aktiv zur Mitgestaltung anregt. Über Social Media-Kanäle, ihre Website, aber auch über Emails, die sie etwa an Krankenhäuser und Kitas schickt, ruft sie zur Spende von Schnullern auf, die sie in menschengroße Kreuze aus Plexiglas füllt. Diese Kreuze stellt Nezilla in Institutionen auf, in denen es statistisch gesehen am häufigsten zu Missbrauchsfällen kommt. Dort fungieren sie als Mahnmale. Die Objekte sind jedoch nur ein Teil des Kunstwerks. Entscheidender sind die für die Betrachtenden unsichtbaren Prozesse dahinter: die Kontaktaufnahme der Künstlerin, die mit Informationen zu den Gefahren sexueller Gewalt gegen Kinder einhergeht, die Auseinandersetzung der Angesprochenen mit dem Thema und schließlich der Wille, etwas dagegen zu tun, z. B. in Form einer Schnullerspende. Mit der von ihr kuratierten Wanderausstellung und dieser zugehörigen Publikation erweiterte Nezilla ihre künstlerische Intervention. Gemeinsam mit Julia Wege entwickelte sie das Konzept und lud Künstler*innen und Wissenschaftler*innen ein, sich zu beteiligen. Dabei ist das Projekt darauf angelegt zu wachsen, mehr Menschen mit einzubeziehen, die ihrerseits für das Thema Kindesmissbrauch sensibilisieren.

MITMACHEN STATT ZUSCHAUEN

Die Schnuller stehen in Nezillas Installationen symbolisch für die Opfer, das Kreuz für die katholische Kirche, deren Missbrauch-Skandal sie besonders beschäftigt. Nicht nur die Gewalt selbst, sondern auch das lange Schweigen und Vertuschen einer Institution, die sich selbst als heilsnotwendig betrachtet, erschüttert die Künstlerin. Im Römischen Reich war die Kreuzigung eine besonders schmachvolle Hinrichtungsmethode insbesondere für Aufständische, wie etwa die zwischen 73 und 71 v. Chr. von Spartacus angeführten Sklav*innen. Die Kreuze wurden zur Abschreckung gut sichtbar aufgestellt (Appian 2020, S. 239, 559–560). Auch Jesus von Nazareth wurde den Evangelisten zufolge als Hochverräter lebendig gekreuzigt und starb einen langsamen, qualvollen Tod. Erst mit der Auferstehung wandelte sich für seine Anhänger*innen das Kreuz vom Folterobjekt zum Symbol der Bezwingung des Todes, der Erlösung aller Menschen von ihren Sünden und schließlich der christlichen Kirche.

WO GLAUBE SCHUTZ VERSPRECHEN SOLLTE, BRACHTE ER QUAL UND VERTUSCHUNG.

Im Fall der Missbrauchsopfer waren es ausgerechnet Repräsentant*innen der Kirche, die sie im übertragenen Sinne ans Kreuz nagelten. Bei den Kindern und Jugendlichen handelte es sich nicht um Aufständische, die die Autonomie ihrer Peiniger*innen oder der Kirche infrage stellten. Ihr Glaube und ihr Vertrauen wurden schamlos ausgenutzt. Im Gegensatz zur Qual Christi bringt das Leid der Missbrauchsopfer keine Erlösung. Wo der Tod Jesu erst dazu führte, dass die Kirche gegründet wurde, löste die Aufdeckung des Missbrauchsskandals ein massenhaftes Austreten aus. Und so verliert das Kreuz bei Nezilla seine hoffnungsvolle Botschaft und wird zum abschreckenden Folterinstrument einer mächtigen Institution, die das Leben ihr anvertrauter Kinder zerstörte. Nessi Nezillas Kreuze sollen nicht wie im Römischen Reich vor dem warnen, was geschieht, wenn man sich einer herrschenden Autorität widersetzt, sondern vor dem, was passiert, wenn man angesichts des Unrechts schweigt. Dieses Schweigen nachhaltig zu brechen, ist das Anliegen von „Kunst gegen Missbrauch!“.

DAS KREUZ VERLIERT SEINE HOFFNUNG UND WIRD ZUM ZEICHEN ZERSTÖRTER KINDHEIT.

Christinas Geschichte

»ICH WUSSTE NICHT, DASS DAS ALLES MISSBRAUCH WAR. ICH DACHTE, DAS PASSIERT MIR, WEIL ICH BÖSE BIN, DAS IST MEINE STRAFE, ICH BIN SELBER SCHULD, ICH HABE NICHT AUFGEPASST.«

GRUSSWORT

KÖNIGIN SILVIA VON SCHWEDEN

Es gibt Themen, die schwer auszuhalten sind. Themen, die wir als Gesellschaft allzu gern verdrängen, weil sie schmerzen, verstören und erschüttern. Sexualisierte Gewalt an Kindern und Jugendlichen gehört zu diesen Themen. Doch Wegsehen ist keine Option, denn Schweigen und Ignoranz schützen stets die Falschen und vertiefen das Leid der Betroffenen.

Gerade dort, wo Sprache an ihre Grenzen stößt, entfaltet Kunst eine einzigartige Kraft. Farben, Formen, Klänge und Bewegungen schaffen einen geschützten Raum zwischen Distanz und Nähe: Sie verwandeln das Unsagbare in erfahrbare Bilder, wecken Empathie, ohne erneut zu verletzen, und machen sichtbar, was im Verborgenen geschieht. Kunst lädt uns ein, innezuhalten, zu fühlen, nachzudenken und hinzusehen – und leistet so einen unverzichtbaren Beitrag zur Enttabuisierung und Prävention.

Ebenso wichtig ist die wissenschaftliche Perspektive. Sie legt Strukturen offen, liefert Fakten und fundierte Erkenntnisse und weist Wege zu Schutz, Hilfe und gesellschaftlichem Wandel. Im Zusammenspiel von künstlerischer Reflexion und wissenschaftlicher Analyse entsteht ein Dialograum, in dem Erkenntnis und Mitgefühl einander ergänzen und echte Veränderung möglich wird.

WEGSEHEN IST KEINE OPTION, DENN SCHWEIGEN UND IGNORANZ SCHÜTZEN STETS DIE FALSCHEN.

Allen Kunstschaffenden und Forschenden gilt Dank für ihren Mut, ihre Kreativität und ihre Verantwortungsübernahme, sich diesem schweren Thema zu widmen. Mit ihren Werken brechen sie das Schweigen, schaffen einen Raum, erheben die Stimme und fordern uns alle auf, genauer hinzusehen, zuzuhören und zu handeln. Möge ihr Engagement uns inspirieren, gemeinsam eine Verantwortungsgemeinschaft zu bilden, die Kinder schützt und ihre Rechte wahrt.

Unsere Welt steht heute vor zahlreichen Herausforderungen, und es ist wichtiger denn je, dass wir für das Recht von Kindern auf eine beschützte Kindheit einstehen. Dies war der Leitgedanke, als Ihre Majestät Königin Silvia von Schweden vor mehr als 25 Jahren die World Childhood Foundation gegründet hat. Es ist Ihre Vision, dass Kinder überall auf der Welt sicher und geborgen aufwachsen können.

ES IST WICHTIGER DENN JE FÜR DAS RECHT VON KINDERN AUF EINE BESCHÜTZTE KINDHEIT EINZUSTEHEN.

ALS ERWACHSENE UND INSTITUTIONEN IST ES UNSERE PFLICHT, DAS SCHWEIGEN ZU BRECHEN, AUFMERKSAM ZUZUHÖREN, WAS KINDER UNS SAGEN, UND DIE SCHULD DORTHIN ZU VERLAGERN, WO SIE HINGEHÖRT – ZU DEN TÄTER:INNEN.

Ihre Majestät Königin Silvia von Schweden

GRUSSWORT

UNABHÄNGIGE KOMMISSION DES BUNDES
ZUR AUFARBEITUNG SEXUELLEN KINDESMISSBRAUCHS

JULIA GEBRANDE

AUFARBEITUNG HEISST, UNRECHT SICHTBAR ZU MACHEN UND BETROFFENEN ANERKENNUNG ZU GEBEN.

„Kunst gegen Missbrauch“ ist aus Sicht der Unabhängigen Kommission des Bundes zur Aufarbeitung sexuellen Kindesmissbrauchs ein wichtiges Dokument, das anhand von Fotografien aus der Ausstellung sowie begleitenden Fachbeiträgen das Thema der sexualisierten Gewalt an Kindern und Jugendlichen ins Zentrum rückt. Aufarbeitung soll sichtbar machen, welches Unrecht und Leid Betroffenen sexualisierter Gewalt angetan wurde, welche Folgen daraus entstanden sind und durch die Zeugenschaft zur Anerkennung beitragen. Dazu können Wanderausstellungen sowie Publikationen wie diese einen Beitrag leisten und für ein nach wie vor tabuisiertes Thema sensibilisieren.

Die Aufarbeitungskommission wurde 2016 von der Bundesregierung eingerichtet. Sie soll Ausmaß, Art und Folgen der sexualisierten Gewalt gegen Kinder und Jugendliche in der Bundesrepublik Deutschland und der DDR erforschen. Sie besteht aus sieben ehrenamtlichen Mitgliedern und einer Geschäftsstelle in Berlin, die mit großem Engagement die individuelle, institutionelle und gesellschaftliche Aufarbeitung in Deutschland kritisch begleiten und voranbringen.

DIE AUFARBEITUNG SEXUELLEN KINDESMISSBRAUCHS

Über 3.000 Menschen haben der Kommission bereits seit Beginn ihrer Tätigkeit über sexuellen Kindesmissbrauch berichtet. Sie haben sexualisierte Gewalt in verschiedenen Bereichen selbst oder als Zeitzeuginnen und Zeitzeugen erlebt, zum Beispiel in der Kirche, der Familie, der Schule, dem Sport oder in Heimen. Mit ihrem Einverständnis wertet die Kommission die Geschichten in pseudonymisierter Form wissenschaftlich aus. Das bedeutet, dass zwar alle Namen und Orte unkenntlich gemacht werden, aber dass ihre zentrale Botschaft in die Öffentlichkeit getragen wird.

FÜR UNS ZÄHLT JEDE GESCHICHTE. DENN NUR DAS SICHTBARE KANN VERÄNDERN.

Im Gegensatz zu einem Strafverfahren geht es bei der Arbeit der Aufarbeitungskommission nicht darum, einen Täter oder eine Täterin zu überführen und zu verurteilen, denn die meisten Fälle sind bereits verjährt. Umso wichtiger ist es aber für Betroffene, dass ihr Leid und das Unrecht dennoch gesehen und anerkannt werden. Was kann die Gesellschaft aus diesen Fällen lernen? Was hat sexuellen Missbrauch in der Vergangenheit ermöglicht? Wieso wurden die Betroffenen nicht besser unterstützt? Was können Politik und Gesellschaft tun, um Kinder besser zu schützen und Betroffene zu unterstützen?

Zu all diesen Fragen liefern uns die Berichte heute erwachsener Betroffener oder von Zeitzeuginnen und Zeitzeugen wichtige Erkenntnisse. Die Aufarbeitungskommission wertet diese systematisch aus und gibt in Forschungsberichten und öffentlichen Veranstaltungen Empfehlungen, an welcher Stelle der Kinderschutz für Gegenwart und Zukunft verbessert werden kann. Alle Ergebnisse sind auf unserer Internetseite abrufbar (Unabhängige Kommission zur Aufarbeitung sexuellen Kindesmissbrauchs o. J.). Aktuell arbeitet die Aufarbeitungskommission unter anderem an einer Fallstudie zu sexuellem Kindesmissbrauch in der Schule und spricht gezielt Menschen mit Behinderung an, um ihre Erfahrungen mit sexualisierter Gewalt auswerten zu können.

JEDE GESCHICHTE ZÄHLT

Mehr als 120 Berichte von Betroffenen, aber auch von Familienangehörigen, Lehrkräften oder Geschwistern sind zudem im Online-Portal „Geschichten, die zählen“ zu lesen, das 2022 eingerichtet wurde (Unabhängige Kommission zur Aufarbeitung sexuellen Kindesmissbrauchs o. J., Geschichten die zählen, Erik). Das Portal speist sich aus den Berichten von heute erwachsenen Betroffenen, die der Kommission ihre Geschichte anvertraut haben – entweder in einem persönlichen Gespräch, einer sogenannten vertraulichen Anhörung, oder in einem schriftlichen Bericht. Mit ihrem Einverständnis dürfen wir sichtbar machen, worüber betroffene Menschen meist erst nach Jahren und Jahrzehnten sprechen können: über das erlebte Unrecht, das Leid, die Folgen des Missbrauchs, aber auch über ihre Kraft und ihren Mut, das Geschehene zu bewältigen. Durch die Geschichten kann die Öffentlichkeit erfahren, wie sehr Lebenswege durch sexuelle Gewalt geprägt wurden. Es wird sichtbar, wo in unserer Gesellschaft blinde Flecken sind, die von Täterinnen und Tätern ausgenutzt wurden und wie wir alle in Zukunft besser hinhören, reagieren und schützen können. Wir freuen uns deshalb sehr, dass einige Zitate aus dem Portal im Rahmen der Ausstellung und dieser Publikation verwendet wurden, um die Geschichten Betroffener von sexualisierter Gewalt in Kindheit und Jugend sichtbar zu machen.

INFOTELEFON AUFARBEITUNG: 0800 40 300 40 (KOSTENFREI UND ANONYM)

Und unsere Arbeit geht weiter – wenn Sie die Aufarbeitungskommission unterstützen möchten, haben auch Sie die Möglichkeit, uns Ihre Lebensgeschichte anzuvertrauen: Haben Sie vor dem 18. Lebensjahr sexuelle Gewalt erfahren? Sie sind selbst von sexuellem Missbrauch in der Kindheit oder Jugend betroffen? Oder Sie sind Zeitzeugin oder Zeitzeuge, zum Beispiel Erzieherin, Lehrer, Trainerin oder Sozialarbeiter? Melden Sie sich bei uns. Denn für uns zählt jede Geschichte. Informieren Sie sich gerne über die Arbeit im Internet oder rufen Sie uns an.

Bis heute ist sexualisierte Gewalt an Kindern und Jugendlichen in Deutschland nicht eingedämmt. Mit diesem Begleitband zur Ausstellung „Kunst gegen Missbrauch“ kann eine weitere Sensibilisierung der Öffentlichkeit – nicht nur in pädagogischen und psychosozialen Kontexten – gelingen und zu einer breiteren politischen und gesellschaftlichen Debatte beitragen. Daher begrüßen wir diese Initiative sehr und wünschen der Wanderausstellung viel Erfolg und zahlreiche Menschen, die sich durch die Fotografien und Fachbeiträge berühren lassen. Lassen Sie uns alle gemeinsam hinschauen, mit allen Sinnen wahrnehmen und zum Wohle der Kinder und Jugendlichen handeln und schützen!

KUNSTINSTALLATION UND FOTOGRAFIEN

VON NEZILLA, FELICITAS YANG, ARMANDO MILANO

DAS KREUZ

Nezilla

DAS KREUZ

Nezilla

HEIZUNGSRAUM

Felicitas Yang & Armando Milano

6
10

TURNHALLE

Felicitas Yang & Armando Milano

»WENN ALLE SCHÜLER BESCHÄFTIGT WAREN, HAT ER SICH HINTER MICH AUF DIE LETZTE SCHULBANK GESETZT UND HAT MEINE BRUST ANGEFASST.«

Cosimas Geschichte

KLASSENZIMMER

Felicitas Yang & Armando Milano

WALD

Felicitas Yang & Armando Milano

KINDERZIMMER

Felicitas Yang & Armando Milano

SCHREBERGARTEN

Felicitas Yang & Armando Milano

»AN DIESEM TAG GING MEINE KINDHEIT ZU ENDE, EIN ABSOLUTER ALBTRAUM BEGANN.«

Irinas Geschichte

SCHREBERGARTEN

Felicitas Yang & Armando Milano

KIRCHE

Felicitas Yang & Armando Milano

KIRCHE

Felicitas Yang & Armando Milano

»EIN KRITISCHES HINTER-FRAGEN HÄTTE VIELEN KINDERN LEID ERSPART.«

Nadines Geschichte

KINDERZIMMER

Felicitas Yang & Armando Milano

PS4
Willkommen zurück bei PlayStation!
Drücke die PS-Taste, um den Controller zu verwenden.

KINDERZIMMER

Felicitas Yang & Armando Milano

SERVERRAUM

Felicitas Yang & Armando Milano

KELLER

Felicitas Yang & Armando Milano

»ICH WURDE AUCH STUNDENWEISE VERLIEHEN. […] ES WURDEN FILME VON MIR GEDREHT, ICH GEHE DAVON AUS, DASS DIESE AUCH GEHANDELT WURDEN, WEISS ES ABER NICHT.«

Susans Geschichte

KINDERGARTEN

Felicitas Yang & Armando Milano

SCHWIMMBAD

Felicitas Yang & Armando Milano

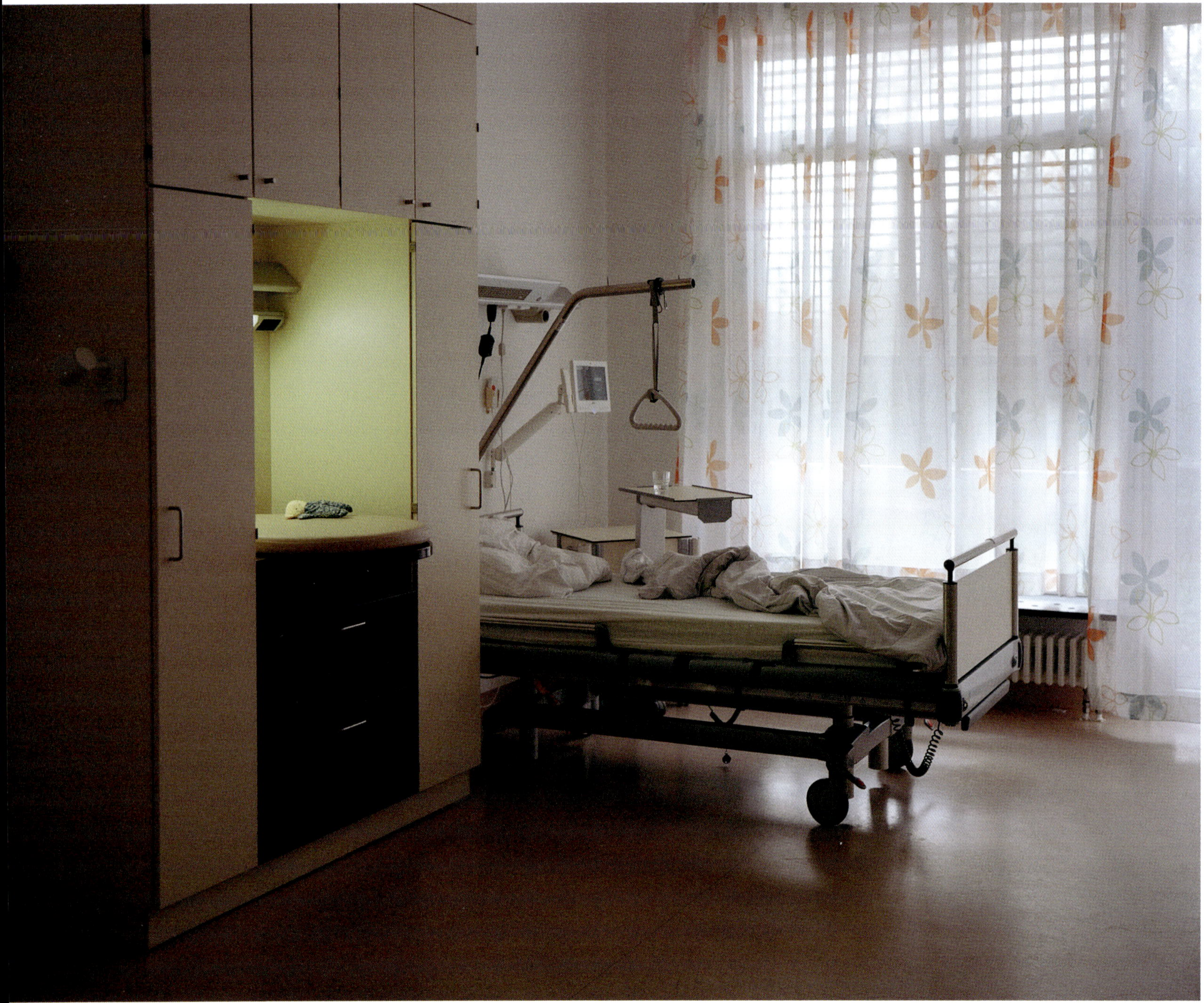

KRANKENHAUS

Felicitas Yang & Armando Milano

»VIEL SCHLIMMER WAR, DASS ICH NIE MIT JEMANDEM DARÜBER REDEN KONNTE. MEINE ELTERN HÄTTEN MIR NICHT GEGLAUBT. EIN STUDIEN-RAT MACHT SO WAS NICHT.«

Majas Geschichte

UMKLEIDEKABINE

Felicitas Yang & Armando Milano

SCHULE

Felicitas Yang & Armando Milano

UMKLEIDEKABINE

Felicitas Yang & Armando Milano

MAKING OF „KUNST GEGEN MISSBRAUCH“ – DAS UNSICHTBARE SICHTBAR MACHEN

HINTERGRÜNDE UND ENTSTEHUNG EINER INTERDISZIPLINÄREN WANDERAUSSTELLUNG

VON NEZILLA, FELICITAS YANG, ARMANDO MILANO, ESTELLA COTTINI

DAS SCHWEIGEN BRECHEN UND DAS THEMA KINDESMISSBRAUCH STÄRKER IN DEN ÖFFENTLICHEN DISKURS RÜCKEN.

Alles begann im Jahr 2022, als die Berichterstattung über sexualisierte Gewalt an Minderjährigen erneut verstärkt in den Fokus rückte. Konfrontiert mit einer Welle an Berichten, die täglich in Form von erschütternden Schlagzeilen, Fernsehbeiträgen und Nachrichten in den sozialen Medien verbreitet wurden, fasste die Künstlerin Nessi Nezilla den Entschluss, ihre Kunst als Medium zu nutzen, um dem gesellschaftlich oftmals tabuisierten Thema eine Plattform zu geben.

Wie lässt sich ein so sensibles Thema künstlerisch darstellen, ohne es zu sensationalisieren, zu plakativ aufzufassen oder zu retraumatisieren? Wie kann eine breite Öffentlichkeit für die Thematik sensibilisiert werden, um das Geschehene sichtbar zu machen und die Allgegenwart von Kindesmissbrauch zu verdeutlichen?

EIN GESAMT-GESELLSCHAFT-LICHES PROJEKT

Aus den genannten Überlegungen und Fragen heraus entstand die Idee einer **partizipativen Installation**, konzipiert als gesamtgesellschaftliches Projekt: **„Kunst gegen Missbrauch“**. Der Ansatz ist so direkt wie wirkungsvoll: Jede Person wurde eingeladen, Kinder- und Babyschnuller als symbolisches Zeichen an die Künstlerin zu senden. Die angestrebten 114.000 Schnuller symbolisieren die sehr hohe Dunkelziffer von Missbrauchsfällen, ohne explizite Bilder zu zeigen.

››Die Installation „Kunst gegen Missbrauch“ ist das Resultat einer tiefgreifenden Auseinandersetzung mit der Omnipräsenz sexualisierter Gewalt an Minderjährigen. Die Wahl des Schnullers als zentrales Objekt war eine bewusste Entscheidung. Als Symbol für die frühe Kindheit, Schutz und Geborgenheit schafft er eine direkte, emotionale Verbindung und steht für die Betroffenen sexuellen Kindesmissbrauchs. Durch ihre Masse erzeugen die Schnuller eine physische Präsenz, die das ungreifbare Ausmaß des Problems greifbar macht...

SINNBILD FÜR FRÜHE KINDHEIT, SCHUTZ UND GEBORGEN-HEIT.

...Die Schnuller sind in volumetrischen Kreuzen aus Glas angeordnet. Die Kreuzesform verweist auf das lateinische Kreuz als zentrales Zeichen des christlichen Glaubens und damit zunächst auf die Institution, in der über Jahrzehnte hinweg Kinder und Jugendliche sexualisierter Gewalt ausgesetzt waren, indem die Täter*innen systematisch geschützt wurden...

...Während das transparente Glas die Schnuller umschließt und ihre Anordnung bewahrt, öffnet die klare Einfassung den Blick auf das Geschehen – es bleibt nicht mehr verborgen, sondern wird unmittelbar sichtbar...

DAS KUNSTWERK WÄCHST DURCH DAS ENGAGEMENT DER GESELLSCHAFT.

EIN UNIVERSELLES SYMBOL, WELCHES LEID SICHTBAR MACHT UND MACHTSTRUKTUREN ANPRANGERT.

...Die offene Gestaltung in Verbindung mit der Mengenwirkung der Schnuller übersteigt damit die rein institutionelle Konnotation: Das Kunstwerk wird zu einem universellen Symbol, dass das Leid aller Betroffenen sexualisierter Gewalt sichtbar macht und zugleich die zugrunde liegenden Machtstrukturen anprangert, die Missbrauch an Minderjährigen ermöglichen – unabhängig von Ort oder Täterkreis.

Als partizipative Installation ist jede Einsendung eines Schnullers ein Akt der Solidarität. Das Kunstwerk wächst durch das Engagement der Gesellschaft und wird so zu einem lebendigen, kollektiven Zeugnis. Es ist keine passive Darstellung, sondern eine aktive Aufforderung, sich mit dem Unsichtbaren auseinanderzusetzen und die realen Implikationen von Kunstwerk und von Kindesmissbrauch zu erkennen.

Jede*r kann durch seine(n) geschenkten Schnuller Teil des Kunstwerks werden!‹‹

NEZILLA

Costantino Ciervo, Handlungsbedarf 2024, Mixed Media

Das starke öffentliche Echo in der Startphase führte zur Idee, das Kunstwerk in einem physischen Rahmen auszustellen. Als erster Ort einer temporären Präsentation wurden im Mai und Juni 2024 Räumlichkeiten von der Stadt Heidelberg in der Heidelberger Altstadt zur Verfügung gestellt. Kuratiert von Estella Cottini, wurde die gleichnamige Ausstellung „Kunst gegen Missbrauch“ nun erstmals als Gesamterlebnis im Stadtraum sichtbar. Nezilla lud weitere Künstler*innen zur Teilnahme ein: Neben ihrer Installation wurden Werke von Costantino Ciervo und Jürgen Baumann gezeigt. Eine Performance von Katja Visschers und Marzena Buchwald, musikalisch begleitet von Thomas Zimmermann, sowie eine Lichtinstallation des Metropolink Festivals schufen den passenden Rahmen für die Eröffnungsveranstaltung. Das eigens für die Ausstellung komponierte Klavierstück der Musikerin Ocinn wurde zur Titelmelodie des gesamten Projekts.

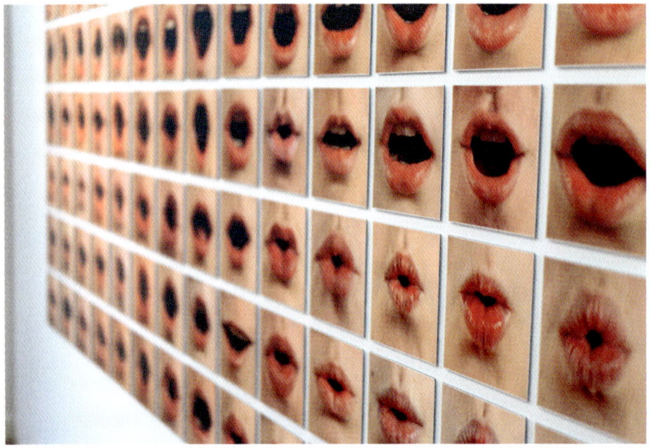

Jürgen Baumann, Die Regensburger Domspatzen 2013, Fotografie

DAS ECHO IN DER START-PHASE FÜHRTE ZUR IDEE EINER AUSSTELLUNG.

Nezilla, Kunst gegen Missbrauch, Installation

EINE INTERDISZIPLINÄRE WANDERAUSSTELLUNG ENTSTEHT

Der nächste entscheidende Impuls kam von Julia Wege, die bereits mit der von ihr konzipierten Wanderausstellung „gesichtslos – Frauen in der Prostitution“ auf sexuelle Gewalt gegenüber Prostituierten aufmerksam macht. Gemeinsam entstand die Vision einer interdisziplinären Wanderausstellung sowie einer begleitenden Publikation, die Kunst, Wissenschaft und Praxis vereint sowie Besucher*innen und Leser*innen eine neue Perspektive auf das Thema eröffnet.

Als Wanderausstellung mit einem klaren Statement nutzt „Kunst gegen Missbrauch“ die Schnittstellen von Kunst, Wissenschaft und Praxis, um eine tiefgehende Auseinandersetzung mit sexualisierter Gewalt an Kindern und Jugendlichen zu ermöglichen. Das bisher einzigartige Kunstformat vermittelt Informationen, zeigt präventive Ansätze auf und stärkt Betroffene. Durch ein umfangreiches wissenschaftliches Rahmenprogramm, welches Beiträge aus verschiedenen Disziplinen integriert, entsteht ein überregionaler Raum für Reflexion, Diskussion und Wandel, der Emotionen weckt und zugleich Handlungswissen vermittelt.

Die größte Herausforderung des gesamten Projekts bestand zweifellos darin, sich mit den erschütternden Fällen sexuellen Kindesmissbrauchs auseinanderzusetzen. Diese Konfrontation ging tief – sie berührte und belastete alle Beteiligten in besonderem Maße. Das direkte Hinsehen und das bewusste Eintauchen in diese grausame Realität, verbunden mit den intensiven Recherchen, waren emotional fordernd und verlangten viel Kraft und Sensibilität.

DAS DIREKTE HINSEHEN UND DAS BEWUSSTE EINTAUCHEN IN DIESE GRAUSAME REALITÄT WAREN EMOTIONAL FORDERND.

Ein entscheidender Schritt in der Entwicklung der Ausstellung war die Einbindung von Felicitas Yang und Armando Milano. Ihre besondere Fähigkeit, emotionale Komplexität durch das Medium der Analogfotografie zu vermitteln, bereichert das Gesamtbild der Ausstellung maßgeblich.

Bevor die Ausstellungsaufnahmen in Deutschland entstanden, fand ein erstes kreatives Treffen zwischen Nezilla und den Fotograf*innen in Paris statt. In diesem Austausch wurde intensiv über die Bildsprache und Technik, Ausstellungsmöglichkeiten sowie geeignete Aufnahmeorte diskutiert. Es entwickelte sich eine Freundschaft, die das Projekt nachhaltig prägte.

ANALOGE FOTO-GRAFIEN, DIE DAS GESCHEHENE NICHT SICHTBAR, SONDERN SPÜRBAR MACHEN

Ab Februar 2025 dokumentierten Yang und Milano über mehrere Wochen räumliche Kontexte, die symbolisch für Geschehnisse stehen, die sich ereignet haben oder künftig zu verhindern sind. Dazu zählen Orte, wie ein leeres Klassenzimmer mit einem allein zurückgelassenen Schulrucksack, ein Bett in einer abgelegenen Hütte im Wald, Keller, Serverräume und das vertraute Kinderzimmer, welches auf subtile Weise das Unausgesprochene und die latente Bedrohung evoziert. Während der Aufnahme-phase, die Nezilla intensiv begleitete, wurde die emotionale Dichte der ausgewählten Räume zur zentralen Inspirationsquelle. Die rein analoge Arbeitsweise der Künstler*innen ermöglichte eine konzentrierte Auseinandersetzung mit Licht, Komposition und minimalen Requisiten – eine visuelle Sprache, in der das Geschehene nicht sichtbar, sondern spürbar wird, entstand.

ZWISCHEN LEEREN KLASSENZIMMERN UND VERTRAUTEN KINDERZIMMERN.

»The general reluctance towards discussing such a sensitive subject became one of our central concerns while shooting this series. We wanted to produce images that would tactfully convey the theme, so as to make it more accessible to a large audience, while still highlighting its urgency. We selected locations known for past incidents and adopted a restrained visual strategy – using only two focal lengths and one type of color film – to establish a methodical and unsettling visual grammar. The visual recurrences resulting from these methods also illustrate the alarming frequency with which these incidents happen, and how common the locations they take place in are...

THE VIEWER'S PERSPECTIVE AS THAT OF A POTENTIAL WITNESS.

...In order to maintain a balanced representation of both object and space, we needed to prioritise a wider depth of field and long exposures dictated by the slow color film. The empty spaces and abandoned objects underline the absence of people while also hinting at an event that is either in the process of taking place or has already occurred, inciting us to look for clues and inevitably setting the viewer's perspective as that of a potential witness. In his book Kindergarten Chats (1901), American architect Louis Sullivan reflects upon the art of paying attention in a conversation with a fictional post-grad student, stating:

"[...] for attention is of the essence of our powers [...]. If things but make impression enough on you, you will not forget them; and thus, as you go through life, your store of experiences becomes greater, richer, more and more available."...

...Choosing analog over digital was a means to produce physical evidence of said photos; the existence of the images' negatives not only echoes the tragic physical repercussions suffered by the victims, but it is also a process that is purposefully tangible, offering a symbolic counterpoint to the elusiveness provided by digital processes, of which the immateriality facilitates the circulation of child pornography...

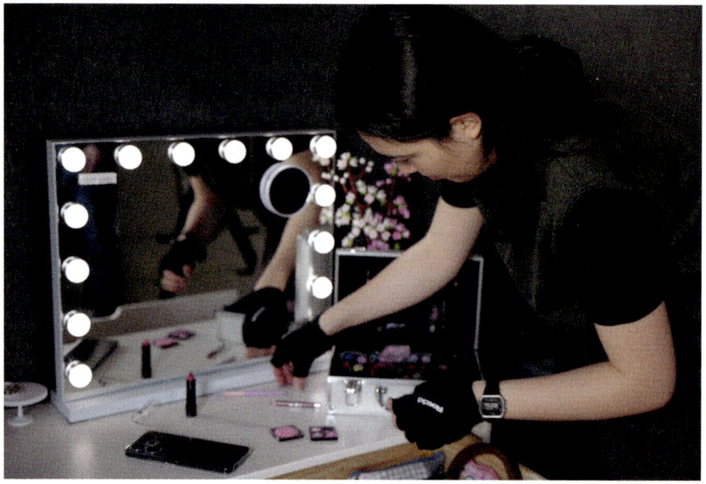

AWARENESS IS AN ACTIVE STANCE AGAINST THE INVISIBILITY THAT ALLOWS SUCH CRIMES TO PERSIST.

...Although Sullivan is talking about the art of cultivating one's attention in the face of everyday life, his sentiment can be applied here – albeit in a more narrow sense – if we perceive the photos as an encouragement to be more aware and mindful of signs that could be indicative of abuse.
Describing the act of paying attention as a form of power can be interpreted as attention (or mindfulness) having the capacity to entice change. In fact, the analytical interaction created between the viewer and the fictional crime scenes portrayed within the photos, pushes us to consider their real-world implications, thus reinforcing our collective duty to remain alert and responsive. Raising awareness becomes not just a moral necessity, but a form of prevention – an active stance against the invisibility that allows such crimes to persist.‹‹

FELICITAS YANG & ARMANDO MILANO

Besonderer Dank gilt allen Gemeinden, Einrichtungen und Privatpersonen, die ihre Räume geöffnet, mitgewirkt und Vertrauen geschenkt haben – ohne sie wären die gesamten Foto- und Filmarbeiten nicht möglich gewesen.

VISUELLES UND RÄUMLICHES KONZEPT

Für die Realisierung der Wanderausstellung wurde ein visuelles und räumliches Konzept mit Wiedererkennungswert entwickelt. In einem intensiven kreativen Prozess konzipierten Nezilla, Yang und Milano, primär anhand von Moodboards, Collagen und Planungsskizzen, ein Format, welches die Aufmerksamkeit der Besucher*innen gezielt auf die Dringlichkeit der Auseinandersetzung lenkt. In dieser Phase reisten die Pariser Künstler*innen nach Deutschland, um auch mit der Agentur raumkontakt, welche die Entwicklung des Ausstellungsdesigns maßgeblich unterstützte, ein authentisches Ausstellungserlebnis zu schaffen.

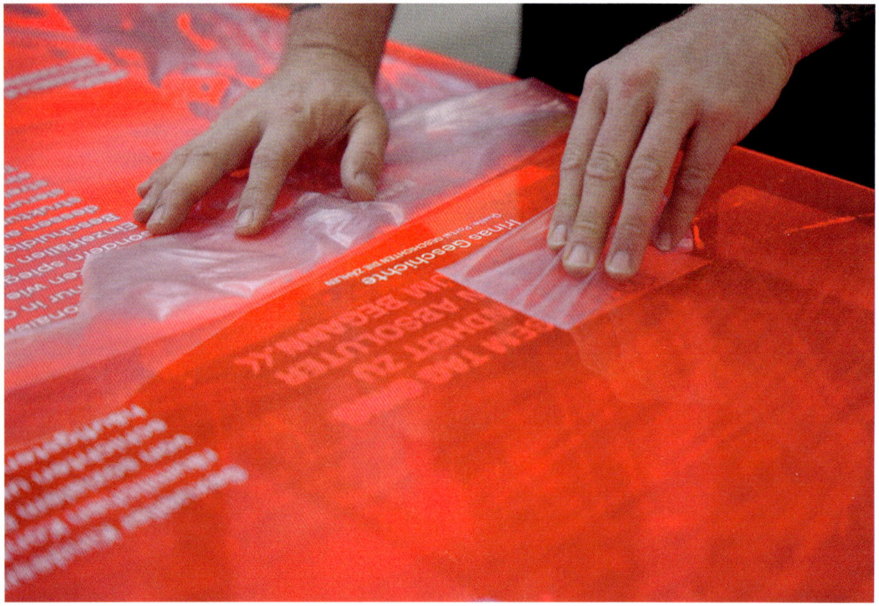

EIN FLEXIBLES RAUMKONZEPT ALS EMOTIONALER KERN.

Das räumliche Konzept basiert auf einem modularen System aus großen, aufklappbaren Rahmen aus schwarzem Stahl, die mit großer Präzision und Sorgfalt von Simon und seinem Team bei Baumgärtner & Schulz Metallbau maßgefertigt wurden. Die Rahmenkonstruktionen werden mit auffälligen neonrot-transparenten Plexiglasplatten und Lightboxen bestückt. Die in sich leuchtenden Fotografien zentrieren den Blick der Besucher*innen und fangen das intensive Rot der Platten ein. Die Flexibilität der Module ermöglicht die Anpassung an unterschiedliche räumliche Gegebenheiten, während Nezillas' Installation als emotionaler Kern erinnert, dass Handlungsbedarf besteht. Das flexible Raumkonzept bietet die Möglichkeit, künftig auch thematisch geeignete Kunstwerke anderer Künstler*innen in die Wanderausstellung zu integrieren.

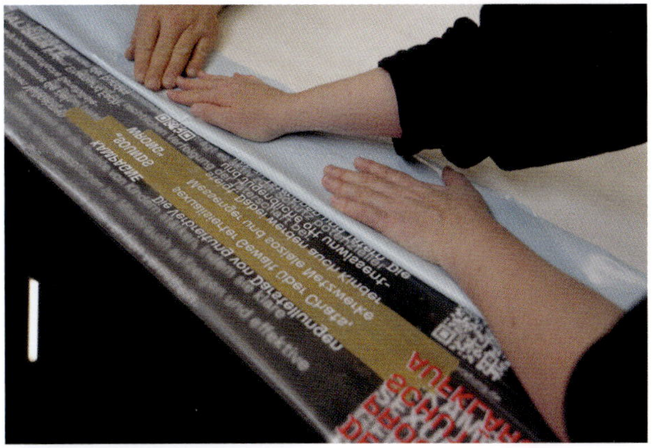

Die rot-transparenten Informationstafeln verleihen den Ausstellungstexten eine markante Präsenz. Unter großem Zeitdruck applizierten Dennis Bahr, Doodis Werbetechnik, und Nezilla in präziser Handarbeit sämtliche Text- und Grafikelemente. Die Texte sind inhaltlich in drei Sektionen gegliedert, beginnend mit grundlegenden Informationen über sexualisierte Gewalt gegenüber Kindern und Jugendlichen. Sie beantworten Fragen wie: Was ist Kindesmissbrauch? Welches Ausmaß hat er allein in Deutschland? In welchen Kontexten findet sexualisierte Gewalt statt? Welche Taktiken nutzen Täter*innen, sowohl online als auch offline, um Vertrauen aufzubauen? Welche Schutz- und Präventionsmaßnahmen sind erforderlich, um sexuellen Missbrauch zu verhindern?

Die Ausstellung wird durch anonymisierte Zitate von Betroffenen begleitet, die dem Portal GESCHICHTEN, DIE ZÄHLEN der Unabhängigen Kommission des Bundes zur Aufarbeitung sexuellen Kindesmissbrauchs entstammen und den Besucher*innen einen unmittelbaren Zugang zu den Erfahrungen der Betroffenen eröffnen. Gleichzeitig werden Hilfsangebote wie das Hilfe-Portal Sexueller Missbrauch der Aufarbeitungskommission aufgezeigt.

ZWISCHEN INFORMATION UND UNTERSTÜTZUNG – AUSSTELLUNG MIT HANDLUNGS-ORIENTIERUNG.

KOOPERATIONS-PARTNER

Seit Beginn des Kunstprojekts ‚Kunst gegen Missbrauch' erhält Nezilla zahlreiche Schreiben und persönliche Kontaktaufnahmen von Betroffenen. Diese Resonanz prägt bis heute das gesamte Projekt und fand auch bei der Ausstellung in Heidelberg Ausdruck, bei der Betroffene persönlich vor Ort waren. Ihr Feedback und ihre Unterstützung waren von großer Bedeutung für den weiteren Verlauf. Zugleich machten die vielen Anfragen von Betroffenen und Angehörigen deutlich, wie dringend professionelle und wirksame Unterstützung benötigt wird.

Vor diesem Hintergrund wurde die World Childhood Foundation als professionelle fachliche Anlaufstelle zu einem wichtigen Kooperationspartner, der den präventiven und unterstützenden Anspruch stärkt und Betroffenen eine Plattform bietet.
Die von Königin Silvia von Schweden gegründete Stiftung setzt sich weltweit für den Schutz von Kindern vor sexualisierter Gewalt und Ausbeutung ein. In Deutschland liegt ihr Schwerpunkt auf dem systemischen Wandel im Kinderschutz – unter anderem durch die Befähigung und bundesweite Etablierung des Childhood-Haus Konzepts. In diesen ambulanten, interdisziplinären Anlaufstellen bekommen von Gewalt bedroht oder betroffene Kinder und Jugendliche kindgerecht die Hilfe, die sie benötigen. Wertvolle Gespräche mit Astrid Helling-Bakki und Judith Bader lieferten entscheidende Einblicke in die Präventions- und Aufklärungsarbeit der Organisation. Diese Impulse vertieften das Verständnis für das Ausmaß sexuellen Missbrauchs sowie für die gesellschaftlichen und institutionellen Kontexte, in denen dieser stattfindet.

KINDERSCHUTZ IM SYSTEMWANDEL – DAS CHILDHOOD-HAUS-KONZEPT IN DEUTSCHLAND.

CHILDHOOD
WORLD CHILDHOOD FOUNDATION
FOUNDED BY H.M. QUEEN SILVIA OF SWEDEN

Die langjährige Zusammenarbeit zwischen Julia Wege und dem Landeskriminalamt (LKA) Baden-Württemberg unter der Leitung von Andreas Stenger ermöglicht die Integration der kriminalistischen Ermittlungsperspektive in die Ausstellung. Das LKA Baden-Württemberg stellt durch seine Programme ein umfangreiches Wissensangebot bereit, um das Bewusstsein für die Rechte von Kindern zu stärken. Es vermittelt klare rechtliche Handlungsoptionen bei Missbrauch sowie wirksame Strategien zur Prävention und Intervention. Zu den präventiven Maßnahmen zählt die zielgruppenspezifische Sensibilisierung von Kindern, Eltern und Fachpersonal im Rahmen der bundesweiten Kampagne „Missbrauch verhindern!“ zur frühzeitigen Erkennung und Anzeige von Missbrauch. Die bundesweite Kampagne „Sounds Wrong“ vermittelt darüber hinaus den Umgang mit Darstellungen sexualisierter Gewalt in Chats, Messengern und sozialen Netzwerken. Sie verfolgt das Ziel, die Verbreitung von Kinderpornografie in digitalen Medien zu stoppen.

Im Rahmen der wissenschaftlichen Kooperation zwischen dem Fraunhofer-Institut für Produktionstechnik und Automatisierung (IPA), vertreten durch Urs Schneider, und der Hochschule Ravensburg-Weingarten, Fakultät für Soziale Arbeit, Gesundheit und Pflege unter der Leitung von Julia Wege, wird das interdisziplinäre Forschungsprojekt „Kriminalprävention von Vergewaltigungen“ vorgestellt. Es vereint sozialwissenschaftliche und medizintechnische Perspektiven, um innovative Präventionsansätze gegen sexualisierte Gewalt zu entwickeln. Im Mittelpunkt steht die Frage, ob technische Lösungen Täter*innen abschrecken und die Vergewaltigungsrate für bestimmte weibliche Opfergruppen senken können. Ziel dieser Zusammenarbeit ist es, einen Dialog über Prävention und Sicherheit zu fördern und effektive Strategien zur Verhinderung sexualisierter Gewalt zu entwickeln. Das Fraunhofer IPA ist Teil der Fraunhofer-Gesellschaft, der größten Organisation für angewandte Forschung in Europa.

Baden-Württemberg
LANDESKRIMINALAMT

Fraunhofer
IPA

RW U
HOCHSCHULE
RAVENSBURG-WEINGARTEN
UNIVERSITY
OF APPLIED SCIENCES

Durch die Förderung eines fachübergreifenden Austauschs zwischen Kunst, Wissenschaft und gesellschaftlicher Praxis unterstützt die Hochschule Ravensburg-Weingarten (RWU) mit ihrer wissenschaftlichen Expertise aus verschiedenen Fakultäten. Studierende werden aktiv in das Projekt eingebunden, um die nächste Generation von Fachkräften für die Prävention und Auseinandersetzung mit sexualisierter Gewalt zu sensibilisieren.

Die Kooperation mit der RWU fand ihren Höhepunkt in der Eröffnung der Wanderausstellung am 7. Mai 2025. In seiner Begrüßungsrede hob Thomas Spägele, Rektor der RWU, die gemeinsame Verantwortung von Kunst und Wissenschaft hervor. Die Veranstaltung wurde durch Impulsvorträge von Andreas Stenger und Manuel Hagel, Vorsitzender der CDU Baden-Württemberg, begleitet, die beide auch in der Publikation mit einem Artikel vertreten sind. Die Vorträge verdeutlichten, welche Maßnahmen auf Grundlage aktueller staatlicher Regulierungen und Systeme weiterhin erforderlich sind, um Kinderschutz effektiver zu gestalten und die Bekämpfung von Kindesmissbrauch in allen Gesellschaftsbereichen konsequenter voranzutreiben.
In einer anschließenden Podiumsdiskussion mit Julia Wege und Nezilla betonten die Fachexpert*innen, darunter auch Urs Schneider und Uwe Stürmer, Polizeipräsident in Ravensburg, die Bedeutung der Zusammenarbeit aller Akteur*innen in der gezielten Bekämpfung sexualisierter Gewalt an Minderjährigen, bevor alle Besucher*innen die Gelegenheit hatten, die Ausstellung zu besichtigen und sich mit der gezeigten Installation und den Fotografien auseinanderzusetzen.

STUDIERENDE WERDEN AKTIV IN DAS PROJEKT EINGEBUNDEN, UM DIE NÄCHSTE GENERATION VON FACHKRÄFTEN ZU SENSIBILISIEREN.

»Kunst kann Unsichtbares sichtbar machen. Mit der Eröffnung der Wanderausstellung „Kunst gegen Missbrauch“ beginnt eine Reise, die uns einlädt, uns mit dieser drängenden Thematik auseinanderzusetzen, die Anliegen der Betroffenen zu hören und die Implikationen sexualisierter Gewalt gegenüber Kindern und Jugendlichen sichtbar zu machen. Jede Form des Engagements ist willkommen: Indem du anderen Menschen von der Ausstellung erzählst und die Thematik aktiv ansprichst, trägst du zur wichtigen Sensibilisierung bei. Eine Spende an die World Childhood Foundation unterstützt die Arbeit der Stiftung, insbesondere die Childhood-Häuser, die den Betroffenen die benötigte Hilfe und Unterstützung bieten.

JEDE PERSPEKTIVE, JEDER ANSATZ TRÄGT DAZU BEI, DIE THEMATIK NOCH INTENSIVER IN DEN ÖFFENTLICHEN DISKURS ZU INTEGRIEREN.

„Kunst gegen Missbrauch“ wird an verschiedenen Standorten gezeigt, häufig begleitet von thematischen Rahmenprogrammen, und kann kostenfrei von Institutionen sowie engagierten Personen angefragt und ausgeliehen werden. Die Ausstellung lebt von der Vielfalt künstlerischen Engagements: Wir laden Künstler*innen aus allen Disziplinen ein, Teil dieses Projekts zu werden und Werke zu zeigen, die das Thema auf unterschiedliche Weise ansprechen. Jede künstlerische Perspektive, jeder kreative Ansatz trägt dazu bei, die Thematik noch intensiver in den öffentlichen Diskurs zu integrieren und neue Formen der Auseinandersetzung zu ermöglichen.

Ein besonderer Dank gilt allen Unterstützer*innen und Helfer*innen – Simone, Jürgen, Matthias und Danny.

Verfolge die Reise der Ausstellung, ihrer Werke und partizipierender Künstler*innen, Programme, Reaktionen und Potenziale – und ihrer fortwährenden Weiterentwicklung. Werde Teil des Kunstwerkes!«

NEZILLA

kunstgegenmissbrauch.de

kunstgegenmissbrauch

DIE WANDER-AUSSTELLUNG

NEZILLA, FELICITAS YANG, ARMANDO MILANO

KUNST GEGEN
MISSBRAUCH

JETZT
SCHNULLER
SPENDEN

JETZT
SCHNULLER
SPENDEN

JETZT
SCHNULLER
SPENDEN

JEDEN TAG WERDEN
ALLEIN IN DEUTSCH-
LAND 50 KINDER UND
JUGENDLICHE OPFER
VON SEXUELLEM
MISSBRAUCH.

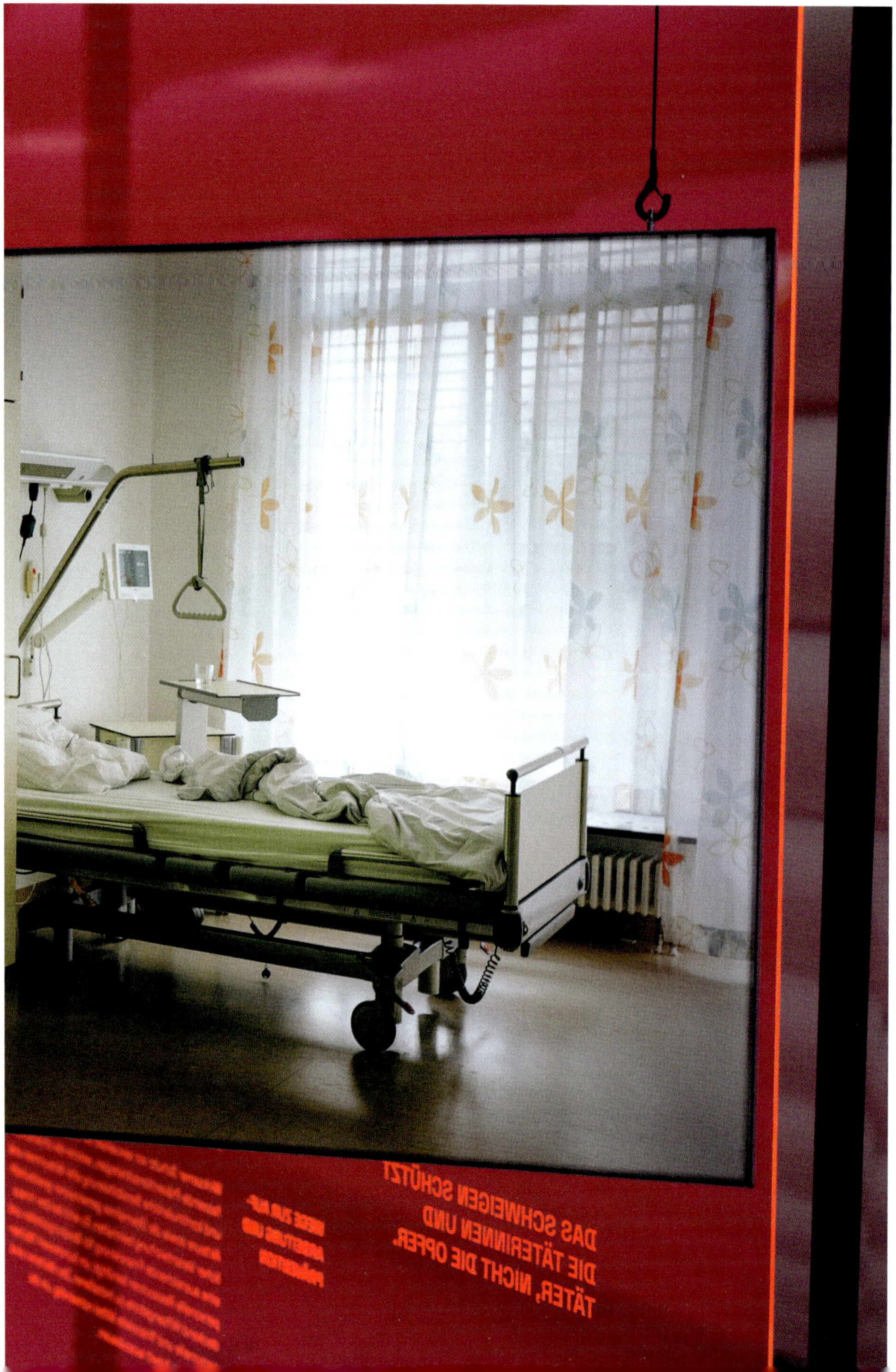
DAS SCHWEIGEN SCHÜTZT
DIE TÄTERINNEN UND
TÄTER, NICHT DIE OPFER.

NTION
CHUTZ-
NAHMEN
Für die Betroffenen kann sexueller Missbrauch oftmals mit schwerwiegenden psychischen, physischen, finanziellen und sozialen Folgen verbunden sein. Viele Menschen leiden bereits im Kindes- und Jugendalter unter diversen Krankheits-
diese oftmals den weiteren Lebensverlauf beeinflussen. Die Auswirkungen zeigen sich vor allem im Beziehungsalltag, in der gesundheitlichen Verfassung, im beruflichen Kontext sowie in der sozialen Integration der Betroffenen. Sie verdeutlichen, dass das soziale Umfeld aus Familie und Freundeskreis beim Aufzeigen und der Bewältigung der Gewalterfah ung eine zentrale Rolle spielt.
GESELLSCHAFT-
LICHE VERANT-
WORTUNG UND
AUFKLÄRUNG
Die ermittelten Dunkelziffern von Missbrauchsfällen legen nahe, dass statistisch jeder Mensch im Laufe seines Lebens direkt oder indirekt, bewusst oder unbewusst mit Betroffenen und Täterinnen bzw. Tätern in Kontakt kommt. Diese schockierende Realität bietet jedoch das Potenzial für Aufklärungs- und Präventionsarbeit, da die Verantwortung für das Aufzeigen von Missbrauch bei jeder bzw. jedem Einzelnen liegt.
HINSEHEN UND
INFORMIEREN
Aufmerksam zu sein ist ein Schritt, um Kinder und Jugendliche vor Missbrauch zu schützen, nicht nur in der Familie, auch in der Schule und in der Freizeit. Es gibt keine spezifischen Merkmale oder Anzeichen, die eindeutig auf sexuellen Missbrauch schließen lassen. Dennoch kannst Du Dich über den nebenstehenden QR-Code über mögliche Anzeichen und Symptome informieren.
JEDE UND JEDER
KENNT BETROFFENE.
JEDE UND JEDER
KENNT TÄTERINNEN
ODER TÄTER.
HILFE SUCHEN, HILFE FINDEN
Wenn Du Unterstützung brauchst oder Fragen hast, kannst Du Dich vertraulich und kostenlos an das Hilfe-Portal Sexueller Missbrauch wenden.
Telefonnummer:
0800 22 55 530
Egal ob Du selbst betroffen bist, jemanden kennst oder eine Fachkraft bist, auf den Seiten des Hilfe-Portals findest Du verschiedene Hilfsangebote und Beratungsstellen, Notdienste, therapeutische, rechtliche oder anonyme Online-Angebote in deiner Umgebung.
SCHÄTZUNGSWEISE
GIBT ES RUND
300.000 OPFER
UNTER KINDERN
UND JUGENDLICHEN
PRO JAHR.

KEIN KIND DARF IM SCHATTEN VON GEWALT VERSCHWINDEN

VON MANUEL HAGEL

ES GIBT THEMEN, BEI DENEN WEGSEHEN EINFACHER SCHEINT ALS HINSCHAUEN. SEXUALISIERTE GEWALT GEGEN KINDER IST EINES DAVON.

Nicht, weil es an Informationen mangelt. Sondern weil das, was sichtbar wird, schwer zu ertragen ist. Kinder, die sexualisierte Gewalt erleben, verlieren nicht nur ihr Vertrauen in Erwachsene, sondern oft auch ihre eigene Stimme – weil ihnen lange niemand zuhören wollte. Für die Betroffenen bedeutet das Erlebte oft lebenslange seelische Narben – viele kämpfen jahrelang mit Scham, Angst und dem Gefühl, nicht gehört worden zu sein. Die Brutalität, die Nähe der Täter zu ihren Opfern, das lange Schweigen – all das trifft in eine empfindliche Zone unseres gesellschaftlichen Selbstverständnisses.

ES BEGINNT MIT DEM MUT, NICHT WEGZUSEHEN

Die Ausstellung „Kunst gegen Missbrauch“ macht diesen Schrecken sichtbar. Sie ist mehr als eine künstlerische Auseinandersetzung – sie ist ein politisches und gesellschaftliches Statement. Kuratiert und getragen von engagierten Künstlerinnen und Künstlern wie der Installationskünstlerin Nessi Nezilla, die mit Tausenden Schnullern eine berührende Metapher für verlorene Kindheit schafft, sowie der Fotografin Felicitas Yang und dem Fotografen Armando Milano, die menschenleere Tatorte dokumentieren, an denen das Unsagbare geschehen ist. Ihre Arbeiten verzichten auf jede Überzeichnung – sie leben vom Kontrast zwischen Stille und Erschütterung.

Begleitet wird die Ausstellung von einem interdisziplinären Forschungsprojekt unter Leitung von Prof. Dr. Julia Wege und Dr. med. Urs Schneider. Es verbindet kunstpädagogische Impulse mit sozialwissenschaftlicher Analyse, entwickelt neue Ansätze der Prävention und untersucht strukturelle Risiken in pädagogischen, familiären und digitalen Kontexten. Diese Verbindung von Kunst, Wissenschaft und öffentlicher Debatte macht die Ausstellung zu einem Weckruf – und zu einem Raum, in dem Aufklärung und Empathie gemeinsam wirken können.

Und sie zeigt auch: Wer Kinder schützen will, muss dort beginnen, wo Sprechen schwerfällt. Mit Klarheit, mit Haltung – und mit einem entschlossenen Handeln auf allen Ebenen: politisch, rechtlich, institutionell, menschlich, gesellschaftlich.

JEDEN TAG WERDEN IM SCHNITT FAST 45 KINDER OPFER SEXUALISIERTER GEWALT.

DIE REALITÄT: MISSBRAUCH IST KEIN RANDPHÄNOMEN!

Jedes Jahr werden in Deutschland zehntausende Fälle sexualisierter Gewalt an Kindern bekannt. Im Jahr 2023 waren es über 16.000 angezeigte Fälle (vgl. Bundeskriminalamt/Bundesministerium des Innern und für Heimat 2024, S. 16) – das bedeutet: Jeden Tag werden im Schnitt fast 45 Kinder Opfer sexualisierter Gewalt. Doch das ist nur das Hellfeld. Studien gehen von einer deutlich höheren Dunkelziffer aus (vgl. Dreßing et al. 2025). In jeder Schulklasse sitzen vermutlich zwei bis drei Kinder, die sexuelle Gewalt erlebt haben – oft mehrfach, oft durch vertraute Personen, oft jahrelang.

Missbrauch ist kein Randphänomen. Er findet in der Mitte unserer Gesellschaft statt – und viel zu oft dort, wo Kinder sich eigentlich sicher fühlen sollten. Gerade die emotionale Nähe und soziale Abhängigkeit in familiären oder institutionsähnlichen Beziehungen schaffen ein Gefüge, in dem Täter gezielt Vertrauen aufbauen und ausnutzen können. Kinder sind in diesen Konstellationen darauf angewiesen, unterstützt, versorgt, anerkannt zu werden. Genau diese Bindungsbedürfnisse machen sie zugleich verletzlich.

Wenn das Machtgefälle groß und das Abhängigkeitsverhältnis stark ist, kann Nähe zur Gefahr werden. Täter agieren oft nicht mit offener Gewalt, sondern mit emotionaler Manipulation, mit schleichender Grenzverschiebung, mit dem Missbrauch von Autorität. Das macht die Gewalt schwer zu erkennen – und für die betroffenen Kinder besonders schwer zu benennen. Umso wichtiger ist es, diese Dynamiken zu verstehen und Prävention, Beratung und Aufklärung konsequent mitzudenken.

NÄHE ALS RISIKO – GEWALT IM ALLTAG

In zwei Dritteln der Fälle geschieht der Missbrauch durch Familienangehörige oder enge Bezugspersonen (vgl. Bundeskriminalamt 2024, S. 12). Ein weiterer Teil der Übergriffe findet in institutionellen Kontexten wie Schulen, Vereinen oder Heimen statt – nach aktuellen Erhebungen etwa 16 Prozent der Fälle (vgl. Unabhängige Beauftragte für Fragen des sexuellen Missbrauchs 2025, S. 5). Daneben gibt es organisierte, überörtliche Täterstrukturen und Netzwerke, häufig mit digitaler Infrastruktur und internationalem Austausch. Diese lassen sich polizeilich beobachten und verfolgen, sind jedoch zahlenmäßig nicht exakt bezifferbar.

DER MISSBRAUCH GESCHIEHT IN KINDERZIMMERN, IN TURNHALLEN, AUF VEREINSFAHRTEN – UND OFT DIREKT VOR UNSEREN AUGEN.

Hinzu kommt der digitale Raum, der längst zu einem Tatort geworden ist: Täter nehmen über soziale Medien, Spiele oder Chats Kontakt auf, erschleichen Vertrauen, setzen unter Druck, manipulieren. Cybergrooming, Livestream-Missbrauch und digitale Erpressung sind bittere Realität geworden (vgl. Medienpädagogischer Forschungsverbund Südwest 2024, KIM, S. 66–68; ders., JIM, S. 53 ff.; FSM 2022, S. 32 ff.).

Die Vorstellung vom „fremden Mann im Park" lenkt ab. Der Missbrauch geschieht in Kinderzimmern, in Turnhallen, auf Vereinsfahrten – und oft direkt vor unseren Augen. Die Folgen dieser Gewalt sind tiefgreifend und langanhaltend. Kinder, die sexualisierte Gewalt erleben, verlieren oft nicht nur ihr Vertrauen in Erwachsene, sondern auch in sich selbst. Viele kämpfen ein Leben lang mit Ängsten, Bindungsstörungen, Depressionen oder Selbstverletzungen. Manche schaffen es nie, aus dem inneren Gefängnis des Erlebten auszubrechen. Andere finden Wege – mit therapeutischer Hilfe, mit stabilen Beziehungen, mit Menschen, die sie ernst nehmen und begleiten.

Kinderschutz heißt deshalb auch: die seelischen Wunden ernst nehmen. Und Strukturen schaffen, die nicht nur verhindern, dass Gewalt geschieht – sondern auch heilen helfen, wenn sie doch geschieht.

FAMILIE STÄRKEN – FRÜH, NIEDRIGSCHWELLIG, KONKRET

Wenn Missbrauch so häufig im vertrauten Umfeld geschieht, muss dort auch die Prävention ansetzen. Es geht nicht darum, Familien pauschal zu verdächtigen – im Gegenteil: Die meisten Eltern wollen das Beste für ihre Kinder. Aber nicht alle sind dazu in der Lage. Psychische Erkrankungen, Suchterkrankungen, eigene Gewalterfahrungen, finanzielle Not, soziale Isolation oder fehlende Bildung können familiäre Dynamiken entstehen lassen, in denen der Schutz von Kindern erodiert (vgl. Baier et al. 2009, S. 80–81). Auch rigide Rollenmuster, unklare Grenzen oder kulturell tradierte Tabus über Sexualität können Gewalt begünstigen (vgl. ebd., S. 72).

BESONDERS GEFÄHRLICH SIND KONSTELLATIONEN, IN DENEN ELTERN ODER ERZIEHENDE EMOTIONAL NICHT ERREICHBAR SIND.

Besonders gefährlich sind Konstellationen, in denen Eltern oder Erziehende emotional nicht erreichbar sind oder sich von Verantwortung entkoppeln. Kinder werden dann nicht mehr als Subjekte mit eigenen Rechten wahrgenommen, sondern als Objekte – zum Ausleben von Macht, Kontrolle oder auch eigener seelischer Not. In solchen Kontexten fällt es Kindern besonders schwer, sich zu offenbaren oder Hilfe zu suchen. Prävention muss deshalb nicht nur an Strukturen ansetzen, sondern auch an Haltungen – und das früh, bevor Verhärtungen entstehen.

Deshalb brauchen wir frühe, verlässliche Unterstützung, die nicht nur punktuell greift, sondern systematisch verankert ist:

- Die Frühen Hilfen sind hier ein zentraler Ansatz. Sie ermöglichen durch aufsuchende Hausbesuche von Hebammen, Gesundheitsfachkräften und Familienbegleiterinnen den frühzeitigen Aufbau von Bindung, Vertrauen und elterlicher Kompetenz. Gerade in belasteten Familienlagen kann dies der entscheidende Unterschied sein, ob Überforderung in Aggression umschlägt – oder in Annäherung und Lernen mündet. Entscheidend ist die Verzahnung mit Jugendhilfe, medizinischer Versorgung und psychosozialen Diensten.

- Programme wie STÄRKE bieten niedrigschwellige, alltagsnahe Elternbildung, organisieren Familienbildungsfreizeiten, bauen soziale Netzwerke auf und fördern präventiv den Austausch über kindliche Entwicklung, Erziehung und partnerschaftliche Elternrollen. Sie wirken oft dort, wo klassische Institutionen nicht mehr reichen – in der Nachbarschaft, im Verein, in sozialen Brennpunkten.

Diese Angebote entlasten – und sie tragen dazu bei, einen Kulturwandel einzuleiten: hin zu einer elternunterstützenden Gesellschaft, in der Schwäche kein Versagen bedeutet, sondern Anlass zur Hilfe. Prävention bedeutet: Vertrauen schaffen, bevor Vertrauen zerbricht (vgl. Nationales Zentrum Frühe Hilfen 2024, S. 11, 23–25; Treptow et al. 2018, S. 34, 100, 192).

Ganz in diesem Sinne werden wir auch in Baden-Württemberg das Landes-Kinder- und Jugendhilfegesetz überarbeiten (vgl. Landtag von Baden-Württemberg 2025, Drucksache 17/9086). Dabei stehen die Förderung der individuellen und sozialen Entwicklung junger Menschen, der Schutz vor Gefahren, die Beratung und Unterstützung von Eltern sowie die Schaffung positiver Lebensbedingungen für Kinder, Jugendliche und ihre Familien im Fokus. Erklärtes Ziel ist, im Rahmen der Kinder- und Jugendhilfe gedeihliche Rahmenbedingungen zu schaffen, um junge Menschen zu eigenverantwortlichen und gemeinschaftsfähigen Persönlichkeiten zu erziehen und ihnen zu ermöglichen, gleichberechtigt am Leben in der Gesellschaft teilzuhaben.

Der Gesetzentwurf wurde in einem intensiven und umfangreichen Beteiligungsprozess erarbeitet. Dabei haben insbesondere Vertreterinnen und Vertreter der kommunalen Landesverbände und der Spitzen- und Dachverbände der freien Kinder- und Jugendhilfe, Vertreterinnen und Vertreter der örtlichen Träger der öffentlichen Kinder- und Jugendhilfe und das Landesjugendkuratorium mitgewirkt. Zudem wurde durch die Servicestelle Kinder- und Jugendbeteiligung eine umfangreiche Jugendanhörung durchgeführt (vgl. Ministerium für Soziales, Gesundheit und Integration Baden-Württemberg 2025, S. 14).

Das Ergebnis ist ein Kinder- und Jugendhilfegesetz auf der Höhe der Zeit, welches einen klaren Fokus darauf setzt, dass die Kinder- und Jugendhilfe nicht nur reaktive Aufgabenstellungen verfolgt, sondern das Mandat enthält, ein familien-, jugend- und kinderfreundliches Gemeinwesen präventiv zu gestalten. Hierfür haben die Zusammenarbeit und der Austausch aller Akteure, die haupt- und ehrenamtlich vor Ort mit Kindern arbeiten, eine zentrale Bedeutung.

SCHWÄCHE DARF KEIN VERSAGEN BEDEUTEN, SONDERN ANLASS ZUR HILFE.

SOZIALE ARBEIT – AN DER SCHNITT-STELLE VON HILFE UND HALTUNG

Soziale Arbeit ist oft das erste Netz, das trägt. Dort, wo Familien überfordert sind, wo Kinder vernachlässigt oder misshandelt werden, wo Strukturen brüchig geworden sind.

Sie verbindet Fachlichkeit mit Nähe, systemisches Denken mit menschlicher Zuwendung. Sie ist kein technischer Dienst – sie ist Beziehungsarbeit.

Besonders wichtig sind traumasensible Einrichtungen: sogenannte E-Schulen, therapeutisch begleitete Wohngruppen oder spezialisierte Beratungsstellen. Sie bieten Kindern, die schwer belastet sind, neue Strukturen und sichere Orte. In E-Schulen etwa finden Kinder mit Erfahrungen von Gewalt, Vernachlässigung oder massiver Verunsicherung einen stabilen schulischen Rahmen, der pädagogische Förderung mit therapeutischen Elementen verbindet. Hier geht es nicht in erster Linie um Leistung, sondern um Stabilisierung, Beziehung und Vertrauen (vgl. Linderkamp/Casale 2023).

SOZIALE ARBEIT IST OFT DAS ERSTE NETZ, DAS TRÄGT.

Auch in therapeutisch begleiteten Wohngruppen steht die ganzheitliche Begleitung im Vordergrund: Bezugspädagoginnen und -pädagogen, Psychologinnen und -pädagogen sowie Sozialarbeiterinnen und -arbeiter arbeiten im Team, um den Kindern Sicherheit, Kontinuität und Entwicklungsräume zu geben. Spezialisierte Beratungsstellen wiederum leisten Erstintervention, Traumabegleitung und oft auch Prozessbegleitung für betroffene Kinder und ihre Familien.

Diese Einrichtungen sind mehr als Schutzräume – sie sind Orte der Neuorientierung. Orte, an denen Entwicklung vor Bewertung steht. Und an denen Kinder lernen dürfen, dass Hilfe möglich ist – und dass Vertrauen wieder wachsen kann.

WENN DER SCHUTZ VERSAGT: DER RECHTSSTAAT MUSS FUNKTIONIEREN

Missbrauch ist ein schweres Verbrechen. Und wo er geschieht, muss der Staat mit aller Entschlossenheit handeln.

In Baden-Württemberg bündeln wir Ermittlungen in Fällen sexualisierter Gewalt im Netz im Cybercrime-Zentrum Karlsruhe. Dort arbeiten spezialisierte Staatsanwältinnen und Ermittler an Verfahren, die komplex, technikgetrieben und hochbelastend sind. KI-basierte Analysewerkzeuge helfen, Missbrauchsdarstellungen zu erkennen, zuzuordnen und schneller zu verarbeiten (vgl. Land Baden-Württemberg 18.07.2023 und 03.01.2024).

MISSBRAUCH IST EIN SCHWERES VERBRECHEN. UND WO ER GESCHIEHT, MUSS DER STAAT MIT ALLER ENTSCHLOSSEN-HEIT HANDELN.

Wir brauchen verbindliche Regelungen zur Speicherung von IP-Adressen, damit digitale Spuren nicht im Nirgendwo verschwinden. Wir müssen Ermittlungsbefugnisse zielgerichtet ausbauen und weiterentwickeln, um die Strafverfolgung zu optimieren – auf nationaler wie europäischer Ebene (vgl. Innenministerium Baden-Württemberg 31.10.2024).

Gleichzeitig gilt: Der Schutz des Kindes muss im Verfahren an erster Stelle stehen. Dafür braucht es klare Verantwortlichkeiten, institutionalisierte Netzwerke vor Ort, eine ganzheitliche und interprofessionelle Betrachtung der Situation sowie Handlungssicherheit bei den handelnden Akteuren. Es darf nicht sein, dass der Schutz von Kindern und Jugendlichen aus falsch verstandener Rücksicht auf den Datenschutz oder Schweigepflichten unter die Räder kommt.

Auch diesen Aspekt werden wir beim neuen Kinder- und Jugendhilfegesetz des Landes Baden-Württemberg adressieren.

Eine Schlüsselrolle beim Schutz von Kindern während des Verfahrens spielen zudem die sogenannten Childhood-Häuser, die nach skandinavischem Vorbild in Deutschland eingeführt wurden. In diesen spezialisierten Einrichtungen werden medizinische Untersuchungen, polizeiliche Vernehmungen, psychologische Betreuung und sozialpädagogische Begleitung unter einem Dach koordiniert. Ziel ist es, betroffene Kinder nicht mehrfach durch das System zu schleusen, sondern eine geschützte und kindgerechte Atmosphäre zu schaffen, in der alles Notwendige an einem Ort geschieht.

Zwei dieser Childhood-Häuser existieren bereits in Baden-Württemberg und setzen diese Haltung eindrucksvoll in die Praxis um. Beide Einrichtungen stehen beispielhaft für eine neue Kultur im Kinderschutz – eine Kultur, die sagt: Das System passt sich dem Kind an, nicht umgekehrt. Diese Häuser zeigen, wie Kinderschutz konkret und wirksam gelingen kann – durch interdisziplinäre Kompetenz, räumliche Bündelung und kindgerechte Prozesse.

KINDERSCHUTZ DIGITAL DENKEN – UND REAL UMSETZEN

Kinder sind heute online unterwegs, lange bevor sie lesen können. Das eröffnet Chancen, birgt aber auch erhebliche Risiken. Der digitale Raum ist längst zum Lebensraum geworden – und leider auch zum Tatort. Täter nutzen Anonymität, Reichweite und Interaktivität digitaler Plattformen, um Kinder gezielt anzusprechen, Vertrauen zu erschleichen und auszunutzen. Dabei spielen soziale Netzwerke, Messenger-Dienste, Online-Spiele und Videoplattformen eine zentrale Rolle (vgl. Medienpädagogischer Forschungsverbund Südwest 2024, JIM, S. 13–16; ders. KIM, S. 34 ff.).

DER DIGITALE RAUM IST LÄNGST ZUM LEBENSRAUM GEWORDEN – UND LEIDER AUCH ZUM TATORT.

Umso wichtiger ist eine umfassende Strategie zum digitalen Kinderschutz. Sie beginnt mit früher Medienbildung in Kitas und Schulen: Kinder sollen lernen, digitale Räume sicher zu nutzen, Risiken zu erkennen und Grenzen zu wahren. Gleichzeitig brauchen Eltern und pädagogische Fachkräfte praxisnahe Schulungen, um Kinder kompetent begleiten zu können (FSM 2022, S. 13, 68 ff.).

Ein zweiter Baustein sind technische Schutzmechanismen: kindgerechte Voreinstellungen, Inhaltsfilter, sichere Kommunikationsräume, verpflichtende Altersverifikationen und kinderspezifische Datenschutzstandards sollten bei digitalen Angeboten zum Standard gehören. Hier stehen insbesondere die Plattformanbieter in der Pflicht – durch verbindliche Vorgaben, klare Haftungsregeln und regelmäßige Prüfverfahren (FSM 2022, S. 80 ff.).

Drittens braucht es entschlossene staatliche Maßnahmen: Spezialeinheiten für Cybergrooming und digitale Gewalt, kontinuierliche Fortbildung der Ermittlungsbehörden, internationale Zusammenarbeit und rechtliche Grundlagen, die mit der technischen Entwicklung Schritt halten. Der Einsatz von KI zur Aufdeckung von Missbrauchsinhalten, die Nachverfolgung digitaler Spuren und die konsequente Strafverfolgung auch grenzüberschreitender Täternetzwerke sind unverzichtbar. Kinderschutz endet nicht an der Haustür. Er muss dort ansetzen, wo Kinder leben – auch im digitalen Raum. Und er muss Schritt halten mit einer Welt, in der Kinderrechte auch im Virtuellen gelten.

SOZIALE VERANTWORTUNG WIRKSAM GESTALTEN

Kinderschutz braucht mehr als gute Absichten – er braucht Wirksamkeit, Zielklarheit und strukturelle Verlässlichkeit. Prävention, Schutz und Nachsorge gelingen nur, wenn sie dauerhaft, qualitätsgesichert und strukturell abgesichert sind. Das gilt für Beratungsstellen ebenso wie für Kinderkliniken, Kinderschutzambulanzen, Familienhilfe oder spezialisierte Angebote für traumatisierte Kinder.

Gleichzeitig dürfen wir nicht übersehen, dass die Ressourcen des Sozialstaats begrenzt sind. Seit Einführung des Bundesteilhabegesetzes – eingeführt mit dem Ziel, mehr Teilhabe für Menschen mit Behinderung zu ermöglichen – sind die Nettoausgaben in der Eingliederungshilfe deutlich gestiegen. Zwischen 2019 und 2023 stiegen die jährlichen Nettoausgaben von rund 19,3 Mrd. Euro auf 25,4 Mrd. Euro – ein Zuwachs von über 6 Mrd. Euro in vier Jahren, also durchschnittlich mehr als 1 Mrd. Euro pro Jahr (vgl. Engels/Matta 2025, S. 119). Doch viele Betroffene berichten, dass sie von dieser Ausweitung wenig konkrete Verbesserungen im Alltag spüren (vgl. Schütz et al. 2025, S. 305 f.).

Diese Entwicklung macht deutlich: Nicht jeder Mitteleinsatz erzielt automatisch die bestmögliche Wirkung. Es braucht klare Zieldefinitionen, wirkungsorientierte Steuerung und eine intelligente, vernetzte Ressourcenverwendung. Für den Kinderschutz bedeutet das: Förderprogramme dürfen nicht im Klein-Klein versickern. Stattdessen braucht es langfristige Strukturen, abgestimmte Zuständigkeiten und ein verbindliches Qualitätsmonitoring.

Handeln wir nach eine Kultur der Verantwortung – für die, die Hilfe brauchen, ebenso wie für die, die Hilfe leisten und die, die sie finanzieren. Ein handlungsfähiger Sozialstaat muss nicht nur bereit sein zu helfen, sondern auch in der Lage, Hilfe wirksam zu gestalten.

EIN HANDLUNGSFÄHIGER SOZIALSTAAT MUSS NICHT NUR BEREIT SEIN ZU HELFEN, SONDERN AUCH IN DER LAGE, HILFE WIRKSAM ZU GESTALTEN.

KINDERSCHUTZ STRATEGISCH VERANKERN

Wer Kinder schützen will, muss den Mut aufbringen, über Einzelfälle hinauszudenken – strukturell, interdisziplinär und mit Weitblick. Genau dafür steht der Masterplan Kinderschutz Baden-Württemberg. Hochgerechnet auf die Gesamtbevölkerung haben 5,7 Millionen Erwachsene in Deutschland sexualisierte Gewalt in Kindheit oder Jugend erlebt – eine Dimension, die zeigt, dass Kinderschutz keine episodische Aufgabe sein kann (vgl. Ministerium für Soziales, Gesundheit und Integration 2025, S. 5; Dreßing et al. 2025).

2023 leiteten die baden-württembergischen Jugendämter 20.059 Verfahren zur Einschätzung einer Kindeswohlgefährdung ein; in 6.099 Fällen bestätigten sich akute oder latente Gefährdungen, meist infolge von Vernachlässigung oder psychischer Misshandlung (vgl. Statistisches Landesamt Baden-Württemberg 2024; Staatsministerium Baden-Württemberg 01.07.2025). Zugleich werden Kinder heute bereits in der Grundschule mit Risiken aus dem Netz konfrontiert. Fast jede und jeder Zwölf- bis Neunzehnjährige besitzt ein eigenes Smartphone, neun von zehn Jugendlichen sind täglich online, im Schnitt gut drei Stunden (vgl. Medienpädagogischer Forschungsverbund Südwest 2024, JIM, S. 24–26). Bei den Sechs- bis Dreizehnjährigen ist bereits jedes zweite Kind täglich im Internet unterwegs, 46 Prozent verfügen über ein eigenes Gerät. Dennoch verzichten 71 Prozent der Eltern auf technische Schutzfilter (vgl. Medienpädagogischer Forschungsverbund Südwest 2024, KIM, S. 6, 34, 83).

KINDERSCHUTZ KANN KEINE EPISODISCHE AUFGABE SEIN.

Der Masterplan Kinderschutz für Baden-Württemberg beantwortet solche Befunde mit einer klaren, fünfgleisigen Strategie, deren Umsetzung durch eine Vervielfachung der Landesmittel überhaupt erst möglich wurde: Statt der bisher veranschlagten 700.000 Euro stehen nun dauerhaft rund fünf Millionen Euro pro Jahr bereit (vgl. Staatsministerium Baden-Württemberg 01.07.2025); eine Anschubfinanzierung von 9,8 Millionen Euro hat seit 2023 bereits 28 innovative Projekte in Prävention, Intervention und Betroffenenhilfe auf den Weg gebracht (vgl. Ministerium für Soziales, Gesundheit und Integration Baden-Württemberg 2025, S. 10 ff.).

Sensibilisierung und Information bilden das erste Handlungsfeld. Aufklärung wird zur Daueraufgabe, weil Gewaltwarnsignale oft übersehen werden. Die landesweite Informationsoffensive wird nicht allein auf Plakatkampagnen setzen, sondern auf Wissen zum Anfassen: Eine neue Webplattform verknüpft Leitfäden, Tutorials, regionale

AUFKLÄRUNG WIRD ZUR DAUERAUFGABE, WEIL GEWALTWARNSIGNALE OFT ÜBERSEHEN WERDEN.

Hilfen und best practices. Damit reagiert Baden-Württemberg auf Befunde, wonach zahlreiche Fachkräfte zwar engagiert, jedoch unsicher sind, wie sie bei Verdachtsmomenten korrekt handeln.

Der zweite Schwerpunkt, Qualifizierung, greift an der Wurzel an: Ein dreistufiges Weiterbildungssystem – Basiswissen für alle, vertieftes Wissen für Verantwortungsträger, Spezialmodule für Polizei, Justiz oder Medizin – soll sicherstellen, dass niemand mehr Kinderschutzentscheidungen aus dem Bauch heraus trifft. Lehrkräfte, Übungsleiter oder Klinikpersonal erhalten damit einen Zugang, der sowohl wissenschaftlich fundiert als auch zeitlich flexibel ist. Digitale Vortragsreihen und E-Learning-Module reduzieren Hürden, gerade bei Ehrenamtlichen.

Drittes Kernstück sind institutionelle Schutzkonzepte. Die Erfahrung zeigt: Gewalt geschieht dort, wo Strukturen lückenhaft sind. Deshalb verpflichtet der Masterplan nicht nur Kitas, Heime oder Einrichtungen der Eingliederungshilfe, sondern motiviert auch Vereine, Jugendverbände und freie Träger, eigene Konzepte zu entwickeln und fortzuschreiben. Bis Mai 2025 entstanden bereits 340 Schutzkonzepte; dreißig zusätzliche Fachstellen begleiten ihre Umsetzung. Gleichzeitig erarbeiten Wissenschaft und Praxis verbindliche Mindeststandards, damit jede Einrichtung weiß, woran sie sich orientieren kann.

Besondere Aufmerksamkeit widmet das Programm Kindern mit erhöhtem Risiko – etwa jenen, die mit einer Behinderung leben, von Armut betroffen sind oder psychisch erkrankte Eltern haben. Mehrfachbelastete Lebenslagen überlappen sich häufig und erhöhen das Gefährdungspotenzial drastisch. Der Masterplan fördert deshalb gezielt barrierefreie, diversitätssensible Hilfsstrukturen, unterstützt Peer-to-Peer-Projekte und stärkt Selbsthilfenetze von Familien.

NUR WENN SCHUTZ NICHT DEM ZUFALL ÜBERLASSEN BLEIBT, KANN VERTRAUEN WACHSEN.

Der fünfte Schwerpunkt schließlich rückt die digitalisierten und mediatisierten Lebenswelten in den Mittelpunkt. Dass 32 Prozent aller Betroffenen ihre Gewalterfahrung online machen, zeigt, wie dringlich dieser Ansatz ist (vgl. Dreßing et al. 2025). Baden-Württemberg setzt auf flächendeckende Medienbildung – in Schulen, Jugendhäusern, Elternkursen – und auf Qualitätsleitlinien für Anbieter. Beratungen bei Cybermobbing, Sextortion oder Livestream-Missbrauch werden vernetzt, damit betroffene Kinder nicht mehr von Tür zu Tür geschickt werden.

Das alles funktioniert nur, wenn Systeme zusammenarbeiten. Deshalb wurde eine Begleitgruppe eingerichtet, in der inzwischen über vierzig Institutionen vertreten sind – von Landesfamilienrat bis Landesanstalt für Kommunikation (vgl. Ministerium für Soziales, Gesundheit und Integration Baden-Württemberg 2025, S. 13 ff., 36 f.) Die bereits angesprochenen Childhood-Häuser zeigen, wie Polizei, Jugendamt, Medizin und Psychotherapie unter einem Dach kindgerechte Verfahren ermöglichen. Ihr Erfolg – gemessene Rückgänge sekundärer Traumatisierungen, verbesserte Beweislage, schnellere Hilfen – liefert den praktischen Beweis, dass interdisziplinäre Kooperation wirkt.

Der Masterplan ist jedoch kein statisches Regelwerk. Im Herbst 2026 werden die fünf Schwerpunkte evaluiert. Neue gesetzliche Impulse – etwa das Gewalthilfegesetz des Bundes oder der Landesaktionsplan zur Istanbul-Konvention 2.0 – fließen kontinuierlich ein. Die Webplattform wächst mit jeder Erkenntnis, jedem guten Beispiel, jeder Fortbildung, die landesweit nutzbar wird.

Kinderschutz darf kein Projekt sein, das vom Engagement Einzelner abhängt oder nach Förderlogiken funktioniert. Er muss als Teil der öffentlichen Daseinsvorsorge verstanden und finanziert werden – als grundlegende Infrastruktur einer Gesellschaft, die Verantwortung übernimmt. Denn nur wenn Schutz nicht dem Zufall überlassen bleibt, kann Vertrauen wachsen – und kann Prävention ihre volle Wirkung entfalten.

AM ENDE: EINE HALTUNG – UND EINE GEMEINSAME VERANTWORTUNG

Kinderschutz wird so zu einer Haltung, die sich in festen Strukturen niederschlägt: in finanzierter Prävention, in verlässlichen Schutzkonzepten, in kompetenten Fachkräften und in einer Gesellschaft, die das Hinschauen wagt. Denn kein Kind soll in Baden-Württemberg – online oder offline – mit seiner Not allein bleiben.

Die Dimension sexualisierter Gewalt an Kindern übersteigt individuelle Fälle – sie betrifft das Fundament unseres Zusammenlebens. Es geht um das Vertrauen in Institutionen, um den Schutzraum Familie, um den Erziehungs- und Bildungsauftrag in Kitas, Schulen, Vereinen. Es geht darum, wie viel Aufmerksamkeit wir dem Unsichtbaren widmen – und wie konsequent wir handeln, wenn wir hinschauen.

Eine Haltung, die sagt: Wir sehen nicht weg. Wir hören zu. Wir handeln. Nicht weil wir müssen, sondern weil es richtig ist.

EINE GESELLSCHAFT, DIE IHRE KINDER SCHÜTZT, SCHÜTZT SICH SELBST. EINE GESELLSCHAFT, DIE DEN SCHWÄCHSTEN ZUHÖRT, WIRD STÄRKER. UND EINE GESELLSCHAFT, DIE AUCH DORT HINSIEHT, WO ES WEH TUT, IST BEREIT FÜR ZUKUNFT.

KREATIVER AUSDRUCK ZUR BEWÄLTIGUNG SEXUALISIERTER GEWALT-ERFAHRUNGEN

VON JULIA GEBRANDE UND JULIUS WOLF

ICH MALTE UM MEIN LEBEN – UM NICHT VON DEN INNEREN BILDERN ERDRÜCKT ZU WERDEN.

„Sexualisierte Gewalt in der Kindheit hat mich geprägt, hat meine Biografie, mein Geworden-Sein verändert, begrenzt, durchfärbt mit fremden, ungewollten und unschönen Stoffen. In der Kindheit gab es keine Hilfe, blieb ich allein und das traumatisch Erlebte unverarbeitet. Ich habe es abgespalten und doch wirkte es in allem Erleben. Erst 20 Jahre nach dem Ende der Gewalt kamen die Erinnerungen wieder, mit kaum zu haltender und bedrohlicher Wucht. Es war ein langer und anstrengender Weg vom Überleben ins eigene Leben:

Ausdruck – ich brauchte Ausdruck für die Eindrücke, die das Damals in mir hinter ließen. Ich rang um mein Leben. Ich malte um mein Leben, um von den nicht zu fassenden inneren Bildern nicht erdrückt zu werden, an den nicht zu fassenden Eindrücken, nicht verrückt zu werden. Ich schrieb um mein Leben, um aus den Wirren herauszufinden, Ordnung in dem Sog und Strudel des Damals zu finden. Ich schrieb, um mich anzunehmen, zu erkunden, für das drückende Innen ein Außen zu finden. Ich schrieb, um die zerstörerischen Worte und Taten greifen zu können, um meine Stimme, meine Worte und Laute dem Damals gegenüberzustellen. Mit Hilfe von Schreiben und Malen Macht zu erlangen, den ohnmächtigen Erfahrungen erinnernd, tief im Körper bis in die Knochen sitzend.

Der Ausdruck half mir zu überleben, damals als Kind, als ich, wie meine Mutter erzählte, Vulkane wie am Fließband malte, ebenso wie heute. Ich konnte damals zwar noch nicht schreiben, aber in meiner Fantasie-Innenwelt andere, bessere, nicht ohnmächtige, Welten entstehen lassen. Ich versuchte dem Irrsinn, Sinn zu verleihen. Strategien des Überlebens, des Umgangs – Klarkommen in einer verrückten Welt im Wortsinn. Ich baute mir Brücken in bildhaften, sprachfähigen und emotional positiven Innenwelten, Brücken hin zum Menschlichen, zu mir, zu meinem Selbst, mich zu erhalten und in eine Zukunft zu retten.“ (Wolf 2024, S. 2)

So beschreibt Julius Wolf (2024) seinen Weg „Vom Damals ins Leben“ mit Bildern, Worten und Texten. Der Ausdruck seines „Betroffen-Seins“ hat ihn geprägt und dazu motiviert, diesen Beitrag zusammen mit Julia Gebrande zum vorliegenden Band „Kunst gegen Missbrauch“ zu schreiben.

Sexualisierte Gewalt ist ein potentiell traumatisches Ereignis. Die Folgen für die Betroffenen können vielfältig sein und greifen meist grundlegend in die Gefühlswelt ein. Kern einer psychosozialen Arbeit ist es folglich, all diesen verschiedenen Gefühlen Raum zu geben – kreativer Ausdruck ist dabei ein möglicher und wirksamer Zugang. Diesen finden Betroffene immer wieder in sich selbst, er steht ihnen unmittelbar zur Verarbeitung der traumatischen Erfahrungen zur Verfügung – nicht selten braucht es aber eine Unterstützung auf diesem Weg. Dieser Zugang stellt den roten Faden durch den vorliegenden Artikel dar. Hierbei können diese komplexen Themen der Bewältigung und Aufarbeitung sexualisierter Gewalterfahrungen nur angerissen werden. Wir haben dabei nicht den Anspruch auf Vollständigkeit, sondern möchten einige Blitzlichter auf die Zusammenhänge von kreativem Ausdruck und der Aufarbeitung sexualisierter Gewalt werfen.

TRAUMATISIERUNG – WENN DIE BEWÄLTIGUNGS-MÖGLICHKEITEN NICHT AUSREICHEN...

Das Erleben von sexualisierter Gewalt ist meist durch Gefühle der Ohnmacht, (Todes-)Angst, Hilflosigkeit und des Ausgeliefertseins geprägt – es kann zu einer Überwältigung führen und die Verarbeitung des Erlebten ist auf die bisher für die Person bekannte Weise nicht möglich. Wenn die eigenen Bewältigungsmöglichkeiten nicht ausreichen und Folgen für den Körper, die Psyche und den Menschen in seiner Umgebung entstehen, sprechen wir von einer Traumatisierung (Gebrande 2021).
Eine Traumatisierung stellt einen Prozess dar, innerhalb dessen Selbstheilungskräfte aktiviert und Bewältigungsversuche unternommen werden, um die traumatische Erfahrung zu integrieren oder zumindest mit den Belastungen umgehen zu können (Reddemann/Dehner-Rau 2008, S. 41), doch nicht alle sind (langfristig) förderlich für die Gesundheit wie beispielsweise selbstverletzende Verhaltensweisen oder unterschiedliche Formen der Dissoziation. Derartige Verletzungen von Menschen sind meist mit herausfordernden Gefühlen wie Ohnmacht, Vertrauensverlust, einer Sprachlosigkeit sowie Schuld- und Schamgefühlen, Ängsten und einem Zweifel an der eigenen Wahrnehmung verbunden (Enders 2019, S. 129). Auch Wut und Ekel können im Prozess der Bewältigung auftreten. Für Menschen, die sexualisierte Gewalt erleben mussten, gibt es kein Patentrezept, wie eine solche Erfahrung bewältigt

SEXUALISIERTE GEWALT PRÄGT BIOGRAFIEN, DARF SIE ABER NICHT BEHERRSCHEN.

werden kann. Bei der Bewältigung dieser Verletzung aber individuelle und parteiliche Unterstützung zu erfahren, ist das Anliegen jeglicher psychosozialen Praxis und die feste Überzeugung der beiden Autor*innen. Bewältigung oder sogar „Heilung“ bei traumatisierten Menschen kann zwar keine Wiederherstellung des Zustandes vor dem Trauma sein (Reddemann 2008, S. 19). Insbesondere bei sexualisierter Gewalt in der Kindheit gibt es zudem keinen festen „Zustand“ der Persönlichkeit vor den Missbrauchserfahrungen, sondern diese greifen in die Entwicklung des betroffenen Kindes ein. Eine Arbeit mit traumatisierten Menschen darf daher keine trügerische Vorstellung von der Grenzenlosigkeit des Machbaren vermitteln. Traumatische Erfahrungen können vieles im Leben eines Menschen verändern – und sei es, dass sie ‚nur‘ das Gefühl der Unverwundbarkeit, die Vorstellung der Welt als einem sicheren Ort oder auch das Vertrauen in andere Menschen verlieren. Dennoch müssen traumatisierte Menschen nicht für den Rest ihres Lebens leiden (Gebrande 2021). Die erlebte sexualisierte Gewalt kann zu einem integrierten Teil der Biografie des Menschen werden und nicht der beherrschende Mittelpunkt.

Das Ziel einer psychosozialen Arbeit ist die behutsame Begleitung auf dem Weg, die eigenen Gefühle und Empfindungen wieder wahrzunehmen, sie als wichtige Signale zu beachten, den Umgang mit ihnen eigenmächtig zu gestalten, sich als selbstwirksam zu erleben und im Einklang mit ihnen (gelingend) leben zu können – kurzum das eigene Leben auf Basis der Gefühle gestalten zu können. Die Auseinandersetzung mit den eigenen Gefühlen ist daher sowohl für die Adressat*innen als auch für Sozialarbeitende zentral (Gebrande 2021). Kreativität kann hier ein entscheidender Zugang sein.

DIE BEDEUTUNG DER GEFÜHLE FÜR DIE BEWÄLTIGUNG

„Um wirklich lebendig zu sein, muss man fühlen, nicht nur reagieren. Dann verweilt man bei den Dingen, weil die schöpferische Kraft, die jeder besitzt, Zeit braucht, aufzusteigen und in unser Tun einzudringen." (Gruen 1986, S. 123).

Der Psychoanalytiker Arno Gruen beschreibt in seinem Buch „Der Verrat am Selbst", wie wichtig die Wahrnehmung des Selbst und der eigenen Lebendigkeit ist. Die Brücke zu den eigenen Wahrnehmungen sei die lebendige Verbindung zu Freude, Trauer, Mut und Verzweiflung und sie sei die einzige Basis für eine wirkliche Unabhängigkeit (Gruen 1986, S. 71). Die emotionalen Kompetenzen in Form einer differenzierten Selbst- und Fremdwahrnehmung der Gefühle sind grundsätzlich die Voraussetzung für ein gelingendes Leben. Je bewusster sich Menschen ihrer Gefühle sind, desto eher können sie Einfluss nehmen (Dehner-Rau/Reddemann 2019, S. 38, 72). Da Betroffene von sexualisierter Gewalt mit einer besonderen Wucht an herausfordernden Gefühlen konfrontiert sind, kommt der Arbeit mit Gefühlen in der Bewältigung eine zentrale Bedeutung zu.

GEFÜHLEN RAUM ZU GEBEN IST KEIN ZEICHEN VON SCHWÄCHE, SONDERN VON STÄRKE.

Doch Gefühle wurden lange Zeit eher als Hindernis auf dem Weg zu einem vernünftigen Menschen betrachtet. Menschen und vor allem Männer, die Gefühle zeigten, galten als schwach. Die moderne Hirnforschung zeigt, dass Gefühle immer im Dreiklang mit körperlichen Empfindungen und kognitiven Bewertungen auftauchen – im Zusammenspiel von Körper, Geist und Seele (Fritsch 2012, S. 11–13). Es ist also eher ein Zeichen von Stärke, wenn Gefühlen Raum gegeben werden kann. Die Kernarbeit der psychosozialen Begleitung von betroffenen Menschen muss folgerichtig darin liegen, Empfindungen, Gefühle und Vernunft (wieder) miteinander in Einklang zu bringen, sie spüren, fühlen, denken und ausdrücken zu können (Gebrande 2021). Kreativität kann dafür einen Schlüssel darstellen und Zugänge zur eigenen (auch unbewussten) Gefühlswelt eröffnen.

Um sich selbst besser begreifen zu können und um sich anderen mitzuteilen, ist es hilfreich, Gefühle zu benennen (Dehner-Rau/Reddemann 2019, S. 20) oder anderweitig – z. B. in Form von Kunst – auszudrücken. Über diesen Ausdruck entsteht eine Darstellung, die Grundlage für Kommunikation sein kann – so kann ein Mitteilen und Gesehen-Werden stattfinden. Aber die Verbalisierung emotionaler Erlebnisinhalte ist gar nicht so einfach und muss in der Kindheit oder später gelernt werden. Pädagogische Fachkräfte sollten Kindern und Jugendlichen daher dabei helfen, sie für eigene Gefühle zu sensibilisieren und im Umgang damit anzuleiten (Wittmann 2015,

S. 27). Wenn die Umwelt verständnisvoll und wertschätzend mit allen Gefühlen umgeht, dann lernen auch Heranwachsende, dass ihre Empfindungen und Gefühle vielleicht unangenehm, aber nicht gefährlich sind (Wittmann 2015, S. 92). Sie können sie mehr und mehr zulassen und sich ihnen in einem sicheren Umfeld durch die Unterstützung ihrer Bezugspersonen zuwenden. Diese Einstimmung bietet die Chance, dass sie sich verändern können. Wenn sowohl angenehme als auch unangenehme Gefühle und Empfindungen bewusst wahrgenommen und angenommen werden, dann werden sie sich unweigerlich auch wieder verändern, was dazu führt, dass der Körper lernt, stärkere Empfindungen und Emotionen zu halten, ohne in Stress zu geraten (Levine/Kline 2015, S. 34). Eine gesunde Regulation der eigenen Gefühlswelt kann so entstehen. Dies stellt sowohl Primär- wie Sekundär- und Tertiärprävention dar. Es kann zum Verhindern von sexualisierter Gewalt bzw. frühestmöglicher Hilfe von betroffenen Kindern beitragen, indem unangenehme Gefühle in Folge von Grenzverletzungen benannt und in Kontakt gebracht werden können. Erwachsene brauchen eher ein einfühlsames Zuhören und Anteilnehmen, um sich ihren Gefühlen zu öffnen. Betroffene von sexualisierter Gewalt benötigen dafür Räume, in denen die vielfältige und herausfordernde Gefühlswelt „sein darf" und angenommen wird. Dabei ist es entscheidend, sich nicht nur sprachlich ausdrücken zu können, sondern auch im körperlichen Erleben z. B. beim Malen geschützt sowie unterstützt mit allen Gefühlen erfahren zu können. Der kreative Ausdruck kann hierbei zentrales Mittel, Werkzeug und Zugang zur Gefühlswelt sein.

Sexualisierte Gewalterfahrungen können, wenn sie nicht verarbeitet werden können, zu einer großen Variation an psychischen, (psycho-)somatischen, sozialen und sozioökonomischen Folgen führen (Gahleitner/Gebrande 2024). Es ist sehr individuell und kontextabhängig, welche Symptome sich in der Folge entwickeln. Viele Menschen bleiben nach einem traumatischen Ereignis in einem der Extreme stecken – sie fühlen vor allem Wut, haben Rachegedanken oder sie fühlen gar nichts mehr.

KÜNSTLERISCHER AUSDRUCK IST ÜBERLEBENSKRAFT – UND SCHAFFT WIEDER RAUM FÜR FREUDE.

TRAUMATISCHE ERFAHRUNGEN DÜRFEN NICHT NUR ALS LEID, SONDERN AUCH ALS QUELLE VON ÜBERLEBENSKRAFT GESEHEN WERDEN.

Damit gehen sie dem tieferliegenden Schmerz aus dem Weg und bewegen sich emotional nur noch an der Oberfläche oder befinden sich in einem „Funktionsmodus". Immer aber lässt sich Symptomentwicklung als Versuch der Bewältigung verstehen, „der die Veränderung eines andernfalls unerträglichen Zustandes zum Ziel hat" (Butollo/Gavranidou 1999, S. 467). Um Betroffene nicht auf die Erfahrung der (sexuellen) Gewalt zu reduzieren und ihre Überlebenskraft zu ignorieren, braucht es ebenso den Blick auf die vitalen und kreativen Bewältigungsformen. Die Pionierin der Traumatherapie in Deutschland Luise Reddemann beschreibt sehr eindrücklich, wie betroffene Kinder, Jugendliche und auch Erwachsene ganz automatisch und auch ohne Anleitung kreative Formen der Bewältigung z. B. imaginative heilsame Innenwelten entwickeln: „Unsere Patientinnen lehren uns beständig, dass sie in Situationen größter Not für sich kreative Auswege gefunden haben und finden" (Reddemann 2014, S. 15). Sie entdeckte im Rahmen ihrer Psychotherapien, dass schwer traumatisierte Menschen oft berichteten, dass sie traumatische Erlebnisse in ihrem Leben nur überstehen konnten, weil sie sich tröstende Phantasiewelten und innere Helfer ausgemalt haben. Kinder stellen sich imaginären Freund*innen vor, sprechen mit ihren Kuschel- oder Haustieren und können sich in bedrohlichen Situationen über die Fantasie an einen Ort der Sicherheit beamen. Auf der Grundlage dieser Erfahrungen entwickelte sie ihre Psychodynamisch imaginative Traumatherapie (PITT) (Reddemann 2008). Kreativität stellt sich so als unmittelbare (Über-)Lebenskraft dar. Und wenn dann der Schmerz und die Trauer über die eigene Geschichte durchfühlt wurden, kann (wieder) Raum für Freude und das lebendige Sein entstehen. Künstlerischer Ausdruck als Weg der Bewältigung und Aufarbeitung zeigt sich bei Betroffenen immer wieder kraftvoll, empowernd und eindrucksvoll. Beispielhaft stehen dafür Jeanne Rosenhag mit ihren Gedichten (Petersen/Rosenhag 1993) oder die französisch-amerikanische Künstlerin Niki de Saint Phalle (1930–2002), in deren Biografie die unterschiedlichen Phasen der Verarbeitung durch Kunst sichtbar werden (Schröder 2002; De Saint Phalle 2000). Phasen von Wut und Trauer bis in das eigene Selbst hinein hat auch der Co-Autor dieses Textes, Julius Wolf, durchlebt und kann diese Beschreibungen daher gut nachempfinden.

DIE KRAFT DER BILDER

Seit Jahrhunderten suchen Menschen Schutz, Ermutigung und Heilung in magischen Geschichten, Märchen und Fantasiewelten (Ahrens-Eipper/Nelius 2015, S. 47). Bildersprache und Phantasiebilder werden auch als die älteste und mächtigste Heilquelle in der Geschichte der Medizin und als eine Methode der Vermittlung zwischen Körper, Geist und Seele beschrieben, um Veränderungen im Körper, in der Einstellung und im Verhalten zu bewirken (Achterberg/Dossey/Kolkmeier 1996, S. 80). Die Entdeckung des Unbewussten und der Träume als „Königsweg zum Unbewussten" (Freud 1939) innerhalb der Psychoanalyse führte zu einer tieferen Auseinandersetzung mit inneren Bildern. Carl Gustav Jung hat den Begriff der Imagination als „Urstoff des Lebens" in die Psychologie eingeführt, „um die inneren Bilder zu bezeichnen, die unter bestimmten Voraussetzungen vor den geschlossenen Augen eines Menschen erscheinen können" (Maass 1981, S. 11). Archetypische Symbole existieren nach seiner Auffassung in einem „kollektiven Unbewussten" und drücken sich in Bildern und Symbolen universaler Menschheitserfahrungen aus. In den Urbildern von Mythen, Märchen, Träumen, aber auch von Religion, Kunst und Literatur entfalten die Archetypen ihre Wirkkraft auf die Psyche des Menschen (Jung 2019a). Aufgrund des immanenten Vorkommens von sexualisierter Gewalt in Kindheit und Jugend durch die Menschheitsgeschichte wie Bange (1992) zeigt, kann auch hier leider von einer archetypischen also einer im Laufe der Geschichte immer wiederkehrende Erfahrung gesprochen werden. Carl Gustav Jung hat selbst, z. B. im Roten Buch (2019b), seine damaligen Emotionen und Imaginationen zu eindrucksvollen Bildern gestaltet. Bilder als eine Brücke zwischen Bewusstem und Unbewusstem spielen für ihn in jeder Form – in Gestalt von Traumbildern, von imaginierten Bildern oder von gemalten Bildern – eine entscheidende Rolle bei Heilungsprozessen (Riedel/Henzler 2016). Genau diese Brücke zum Unbewussten kann für Betroffene von sexualisierter Gewalt hilfreich und wichtig sein. Insbesondere wenn Betroffene aufgrund von massiven Gewalterfahrungen dissoziieren mussten, um diese zu überleben. Dann sind Erinnerungen, Gefühle oder innere Anteile nicht selten verdrängt bis abgespalten und somit lediglich im Unbewussten gespeichert. Kreativer Ausdruck kann einen Zugang zu ihnen eröffnen, Unbewusstes ins Bewusstsein holen und damit zum Verarbeiten des traumatischen Erlebens beitragen.

»UNSERE FÄHIGKEIT ZU IMAGINIEREN IST DAS HILFSMITTEL, DAS UNS IN KONTAKT BRINGT MIT DEM HEILSAMEN IN UNS.«

Reddemann 2014, S. 16

FAZIT: KREATIVITÄT IST EINE SUPER-KRAFT

Kunst kann also eine Möglichkeit zur Verarbeitung, Bewältigung und Aufarbeitung sexualisierter Gewalterfahrungen darstellen. Sie bietet die Möglichkeit, kreativen Ausdruck zu finden für alle Gefühle und das traumatische Erleben und schafft einen Zugang zum Unterbewusstsein. Es kann zudem eine kraftvolle Ressource sein. Doch nicht nur in der Kunst können Gefühle ihren Ausdruck finden. Die beiden Therapeut*innen Dima Zito und Ernest Martin empfehlen beispielsweise auch für den Umgang mit traumatisierten Geflüchteten das ganze Spektrum künstlerischer Ausdrucksmöglichkeiten: „Malen, Musik machen, Schreiben ermöglichen manchen Menschen, sich mit ihren Gefühlen auseinanderzusetzen, etwas zu erschaffen. Vielleicht lässt sich eine Malgruppe für die Kinder in der Unterkunft organisieren? Vielleicht gibt es eine gespendete Gitarre für den Mann, der selbst Liedtexte dichtet und Lieder komponiert? Kreativität birgt für alle Menschen ein enormes Heilungs- und Entwicklungspotenzial." (Zito/Martin 2016, S. 86). Angebote für kreativen und gestalterischen Ausdruck (ohne Sprache) wie Theater-, Fotografie- oder Musikprojekte, Ausdruckstanzen, Kampfsport oder intuitives Malen können neben sprachlichen Formen wie Schreiben, Bloggen oder Sprechen helfen, Selbstheilungskräfte zu stärken und Zugang zur eigenen Kreativität zu bekommen (Dehner-Rau/Reddemann 2019, S. 243). Rein auf Sprache ausgerichtete Psychotherapie hat insbesondere bei Betroffenen von sexualisierter Gewalt Grenzen des Möglichen.

KUNST KANN EIN ZUGANG ZUM UNTERBEWUSSTSEIN SEIN, GEFÜHLE SICHTBAR MACHEN UND DAMIT ZU EINER KRAFTVOLLEN RESSOURCE FÜR DIE BEWÄLTIGUNG SEXUALISIERTER GEWALT WERDEN.

KUNST- UND MUSIK-THERAPIE KÖNNEN TÜREN ÖFFNEN, WO SPRACHE ALLEIN NICHT REICHT.

Nicht ohne Grund arbeiten viele psychosomatische Kliniken mit Komplementär-Therapien wie Kunst-, Musik- oder Tanztherapie. Und auch im Fonds sexueller Missbrauch konnte finanzielle Unterstützung für diese Leistungen beantragt werden – es ist sehr bedauerlich, dass diese niedrigschwellige Unterstützungsmöglichkeit für Betroffene sexualisierter Gewalt nun ersatzlos gestrichen wurde … Denn Gedichte, Geschichten als auch Songtexte können ebenso wie Kunst Gefühle zum Ausdruck bringen, dem Unaussprechlichen Worte verleihen und die Heilkraft der Sprache anregen. Oder um es mit den Worten von Julius Wolf noch einmal zu verdeutlichen: „Ausdruck gefunden, für die nicht zu verarbeitenden Eindrücke der sexualisierten Gewalt, des sexuellen Missbrauchs, der Manipulation und verrückten Erziehung, wie sie es nannten, Indoktrination, wie ich es heute nenne. Nicht zu verarbeiten, im Damals. Trauma ist das Wort im Heute dafür. […] Sichtbarkeit schaffen, Sprache finden, das habe ich für mich getan, aus der Not heraus. Ressource und Kraft darin gefunden. In dem Ausdruck mich als Gegenüber sehen und mich wertschätzen können, mich würdigen können, Verbindung und Kontakt zu mir herstellen, das war so lange nicht möglich. Von dieser erarbeiteten Selbstverbundenheit konnte ich hinaus in den Kontakt mit der „Außenwelt". […] Das ist und bleibt ein Wagnis!"
(Wolf 2024, S. 2–3)

HÄUFIGKEIT UND FOLGEN SEXUALISIERTER GEWALT AN KINDERN: DATEN – ZAHLEN – FAKTEN

VON DIRK BANGE

Im folgenden Text werden die Ergebnisse der für Deutschland seit 2010 durchgeführten repräsentativen Untersuchungen zur Häufigkeit sexualisierter Gewalt an Kindern sowie die in der Polizeilichen Kriminalstatistik (PKS) erfassten Fälle dargestellt. Daran anschließend werden die durch sexualisierte Gewalt bei den Kindern ausgelösten Gedanken und Gefühle beschrieben. Abschließend werden die Folgen der sexualisierten Gewalt in aller Kürze vorgestellt.

ZUR HÄUFIGKEIT SEXUALISIERTER GEWALT AN KINDERN

Um aussagekräftige Zahlen über das Ausmaß sexualisierter Gewalt an Kindern zu erhalten, sind in Deutschland seit 2010 fünf Dunkelfeldstudien durchgeführt worden, die für sich beanspruchen repräsentativ zu sein.

Eine Forschungsgruppe aus verschiedenen Universitäten befragte im Jahr 2010 und 2016 jeweils etwa 2.500 Personen im Alter ab 14 Jahren. Bei der ersten Befragung gaben 8,4 Prozent der Frauen und 3,7 Prozent der Männer an, sie seien in ihrer Kindheit und Jugend sexuell missbraucht worden (Häuser et al. 2011). Sechs Jahre später waren es 11,5 Prozent der Frauen und 3,4 Prozent der Männer (Witt et al. 2018).

Von denen durch das Kriminologische Forschungsinstitut Niedersachsen im Jahr 2011 befragten 11.428 Personen im Alter zwischen 16 und 40 Jahren gaben 6,4 Prozent der Frauen und 1 Prozent der Männer an, dass ihnen bis zum 14. Lebensjahr sexualisierte Gewalt mit Körperkontakt widerfahren ist. Zudem berichteten 4,5 Prozent der Frauen und 1,3 Prozent der Männer von sexualisierter Gewalt ohne Körperkontakt (Bieneck et al. 2011).

Im Rahmen des Projekts „MIKADO“ wurden 7.909 junge Erwachsene zwischen 16 und 30 Jahren befragt. In dieser Studie sind Personen mit einem hohen Bildungsniveau überrepräsentiert. Sie kann allein deshalb nicht als repräsentativ betrachtet werden. 11,6 Prozent der Frauen und 5,1 Prozent der Männer berichteten über sexualisierte Gewalt in der Kindheit.

Im Mai 2025 ist eine weitere Studie veröffentlicht worden, für die zwischen Januar und Oktober 2024 3.102 Personen im Alter von 18 bis 59 Jahren entweder schriftlich-postalisch oder Online befragt wurden. Die Stichprobe kann als für Deutschland repräsentativ angesehen werden. 20,6 Prozent der Frauen und 4,8 Prozent der Männer gaben an, sexuell missbraucht worden zu sein (Dreßing et al. 2025).

Aufgrund unterschiedlicher Definitionen und Befragungsmethoden sind die Studien nicht exakt zu vergleichen. Das Ausmaß sexualisierter Gewalt an Kindern kann deshalb für Deutschland nicht genau beziffert werden. Die Studien zeigen aber, dass sehr viele Mädchen und Jungen im Laufe ihrer Kindheit und Jugend Opfer sexualisierter Gewalt werden (Tabelle 1).

STUDIE	STICHPROBE	MÄDCHEN	JUNGEN
Bieneck et al. 2011 Sexueller Missbrauch mit Körperkontakt bis zum 14. Lebensjahr Sexueller Missbrauch ohne Körperkontakt bis zum 14. Lebensjahr	11.428 Personen zwischen 16 und 40 Jahren	5,0 % 4,5 %	1,0 % 1,3 %
Häuser et al. 2011 Sexueller Missbrauch bis zum 18. Lebensjahr	2.504 Personen ab dem Alter von 14 Jahren	8,4 %	3,7 %
MIKADO-Projekt 2015 Sexueller Missbrauch bis zum 18. Lebensjahr	7.909 Personen zwischen 16 und 30 Jahren	11,6 %	5,1 %
Witt et al. 2018 Sexueller Missbrauch bis zum 18. Lebensjahr	2.510 Personen ab dem Alter von 14 Jahren	11,9 %	3,4 %
Dreßing et al. 2025 Jede sexuelle Handlung mit sexuellem Bezug, die gegenüber Personen unter 14 Jahren oder gegen den Willen einer Person unter 18 Jahren geschieht	3.102 Personen zwischen 18 und 59 Jahren	20,6 %	4,8 %

Tabelle 1: Ausmaß sexueller Missbrauch in repräsentativen Dunkelfeld-untersuchungen

16.507 REGISTRIERTE FÄLLE SEXUELLEN MISSBRAUCHS IM JAHR 2024. DUNKELZIFFER DEUTLICH HÖHER.

Die PKS erfasst die Gesamtheit der in Deutschland zur Anzeige gekommenen und polizeilich registrierten Verdachtsfälle strafrechtlich relevanter Delikte. Im Jahr 2024 wurden 16.507 Fälle sexuellen Missbrauchs gemäß § 176 StGB registriert. Außerdem wurden

- 42.854 Fälle der Verbreitung, des Erwerbs und Besitzes kinderpornografischer Inhalte gemäß § 184b StGB,
- 1.191 Fälle des sexuellen Missbrauchs von Jugendlichen gemäß § 182 StGB und
- 446 Fälle des sexuellen Missbrauchs von Schutzbefohlenen ab 14 Jahren gemäß § 174 StGB erfasst.

Die Angaben in der PKS unterliegen jedoch einigen Einschränkungen. So beeinflussen u. a. die Intensität der Verbrechensbekämpfung und Veränderungen im Anzeigeverhalten die Zahlen. Beispielsweise könnte der seit 2017 erfolgte Anstieg durch die Missbrauchsfälle in Staufen, Münster, Lügde und Wermelskirchen mitbedingt sein. Die Polizeibehörden haben vor dem Hintergrund dieser und anderer Fälle ihre Ermittlungstätigkeiten verstärkt und setzen mehr Personal ein (Bange 2023, S. 11).

Vergleicht man diese Zahlen mit den Werten aus den Dunkelfelduntersuchungen wird offensichtlich, dass sehr viele der sich tatsächlich ereignenden Fälle der Polizei nicht bekannt werden. Diese Fälle werden als Dunkelfeld bezeichnet. Darüber, wie hoch das Dunkelfeld bei der sexualisierten Gewalt an Mädchen und Jungen ist, kann nur spekuliert werden.

WELCHE GEFÜHLE UND GEDANKEN LÖST SEXUALISIERTE GEWALT BEI MÄDCHEN UND JUNGEN AUS?

Von sexualisierter Gewalt betroffen zu sein, löst bei den Kindern eine Reihe unangenehmer Gefühle und Gedanken aus. Die meisten Kinder fühlen sich **verraten**, sind **verzweifelt** und **sprachlos**. Ein Mensch, dem sie vertraut haben, hat ihre Sehnsucht nach Liebe und Geborgenheit ausgenutzt, um seine eigenen (sexuellen) Bedürfnisse zu befriedigen. Sie haben u. a. **Angst**, dass sich die sexualisierte Gewalt wiederholt. Mädchen haben manchmal Angst vor einer Schwangerschaft. Jungen befürchten, als Homosexuelle oder als unmännlich bewertet zu werden. Angst ist bei betroffenen Mädchen und Jungen oftmals ein lebensbestimmendes Gefühl.

DIE SCHULD AN DER TAT TRÄGT IMMER DER TÄTER ODER DIE TÄTERIN.

Fast alle Mädchen und Jungen schämen sich für das, was ihnen passiert ist. Sie denken z. B., sie seien schwach, fehlerhaft oder beschmutzt, weil ihnen sexualisierte Gewalt widerfahren ist. Sie sind der festen Überzeugung keine achtenswerten Menschen mehr zu sein. Bei vielen Betroffenen sind diese Gefühle tief und dauerhaft verwurzelt. Dieses Erleben kann vom Verstand nicht einfach abgeschaltet werden und begleitet viele Kinder über Jahre hinweg, häufig prägend bis ins Erwachsenenalter.

Die meisten Kinder **fühlen sich mitschuldig**, weil sie z. B. mit zum Täter/zur Täterin in die Wohnung gegangen sind oder sich bei ihm angekuschelt haben. Von den Täter*innen werden solche Gefühle oftmals bewusst verstärkt, um die Kinder am Sprechen zu hindern. „Du hast es doch selbst so gewollt, sonst wärst du doch nicht mitgekommen" sind entsprechende, oftmals erfolgreiche Versuche den Kindern die Mitschuld zu geben. Sie nähren den Zweifel der Kinder an ihrer eigenen Wahrnehmung und verstärken deren Schuldgefühle. Die Kinder sind deshalb oft sprachlos und fühlen sich der Situation hilflos ausgeliefert. Ihre Schuldgefühle sind oft sehr tiefgreifend und nur schwer zu überwinden, da die Übernahme von Schuld als Schutz gegen das Gefühl der Ohnmacht und des Verrats dienen kann. Die Mädchen und Jungen erhalten sich so die Illusion, sie hätten die Situation durch ihr Handeln zumindest ein wenig kontrolliert.

Es muss aber noch einmal deutlich gesagt werden: Egal was die Mädchen und Jungen getan oder nicht getan haben, die Schuld an der Tat trägt immer der Täter/die Täterin.

DIE FOLGEN SEXUALISIERTER GEWALT AN KINDERN

Kurzfristige körperliche Folgen sexualisierter Gewalt wie körperliche Verletzungen im Genital- oder Analbereich und Geschlechtskrankheiten sind eher selten.

Oftmals wird noch zwischen körperlichen und psychischen Folgen unterschieden. Dies ist problematisch, da Körper und Psyche untrennbar miteinander verbunden sind. Bei einem großen Teil körperlicher Erkrankungen lassen sich ihre Ursachen nicht oder nicht vollständig organisch erklären. In diesem Zusammenhang wird von psychosomatischen Erkrankungen gesprochen. Zahlreiche Untersuchungen weisen nach, dass Betroffene sexualisierter Gewalt ein erhöhtes Risiko für einen generell reduzierten Gesundheitszustand aufweisen. Es finden sich bei ihnen z. B. häufiger gynäkologische Erkrankungen oder Erkrankungen des Magen-Darm-Traktes.

MISSBRAUCH PRÄGT KÖRPERFUNKTIONEN EBENSO WIE GEFÜHLE UND VERHALTEN.

Die neurobiologische Forschung hat bei Betroffenen sexualisierter Gewalt im Erwachsenenalter u. a. Veränderungen der Hirnfunktionen sowie Störungen im Hormonhaushalt nachgewiesen. Diese Veränderungen stehen mit der Regulierung von Gefühlen, der Speicherung und des Abrufs von Gedächtnisinhalten und der Aufmerksamkeitsfähigkeit in Verbindung. Bei einigen Kindern auftretende Schulschwierigkeiten könnten z. B. darauf zurückzuführen sein. Sie können sich den Lerninhalt einfach nicht merken bzw. dem Unterricht nicht dauerhaft und konzentriert folgen.

Viele betroffene Kinder entwickeln Verhaltensauffälligkeiten und psychische Probleme. Sie reichen von Kopf- und Magenschmerzen ohne erkennbare organische Ursachen, über Essstörungen, Schlafstörungen, depressive Reaktionen, Suizidgedanken und -versuche, Alkohol- und Drogenmissbrauch, distanzlosen Verhalten bis hin zu sexuell auffälligen und/oder sexuell aggressiven Verhaltensweisen. Letztere Verhaltensweisen bergen insbesondere das Risiko, erneut viktimisiert zu werden. Sexuell auffällige Verhaltensweisen werden bei etwa einem Drittel der betroffenen Mädchen und Jungen beobachtet. Sie können ein wichtiger Hinweis auf sexualisierte Gewalt sein. Dennoch sei vor einer Überinterpretation sexualisierten Verhaltens ausdrücklich gewarnt. „Doktorspiele“ oder Zeichnungen, auf denen Genitalien dargestellt sind, finden sich häufig auch bei nicht betroffenen Kindern.

MANCHE KINDER LEIDEN EIN LEBEN LANG, ANDERE KÖNNEN DAS ERLEBTE BEWÄLTIGEN.

Die psychischen Probleme und Verhaltensauffälligkeiten variieren und unterscheiden sich je nach Alter, Entwicklungsstand, der Persönlichkeit des betroffenen Kindes und den Reaktionen seiner Eltern bzw. Vertrauenspersonen während der Taten und nach der Aufdeckung. Sie können zudem andere Ursachen haben (z. B. Scheidung der Eltern, Tod eines Elternteils, Gewalt gegen Kinder). Ein spezifisches Syndrom bzw. Symptom konnte deshalb bis heute nicht beschrieben werden. Sexualisierte Gewalt ist folglich nicht anhand ihrer Folgen eindeutig zu erkennen.

Bei vielen der betroffenen Mädchen und Jungen setzen sich die Folgen bis ins Erwachsenenleben fort und beeinträchtigen ihr Leben teilweise erheblich. Es gibt allerdings auch Kinder, die die sexualisierte Gewalt gut verarbeiten und bei denen kaum oder sogar keinerlei Folgen festzustellen sind.

Mir ist abschließend wichtig festzustellen, dass nicht alle Betroffenen ihr Leben lang leiden und sexualisierte Gewalt kein „Seelenmord“ ist. Viele Betroffene schaffen es die sexualisierte Gewalt gut zu verarbeiten.

KINDER-PORNOGRAFIE IM INTERNET – ERMITTLUNGSARBEIT ZWISCHEN PRÄVENTION UND REPRESSION

VON ANDREAS STENGER

ERMITTLUNGEN IM KAMPF GEGEN KINDESMISSBRAUCH

Es sind jene Fälle, die unsere Bevölkerung und selbst erfahrene Kriminalbeamtinnen und -beamte nachhaltig erschüttern und verstören: Der sexuelle Missbrauch an Kindern und Jugendlichen gehört zu den schlimmsten Formen der Gewalt. Diese Verbrechen an den Schwächsten in unserer Gesellschaft sind nicht nur auf das Schärfste zu verurteilen, sondern erfordern auch den unermüdlichen Einsatz von Bildungseinrichtungen, Kirchen, Jugendämtern, Medien, Politik, Justiz und natürlich auch der Polizei. Für das Landeskriminalamt Baden-Württemberg – kurz: LKA BW – ergeben sich daraus vielfältige Herausforderungen, die mit komplex sehr wohlwollend umschrieben sind. Welche nun die größte ist, ist schwer auszumachen. Fest steht: Jedes kinder- oder jugendpornografische Bild, das im Inter- oder Darknet kursiert, kann ein Zeugnis eines aktuellen Missbrauchsfalls sein, den es umgehend zu unterbinden gilt. Zudem haben wir es als Ermittlungsbehörden bei diesen Straftaten schon längst nicht mehr mit Giga- oder Terrabyte zu tun. Wir bewegen uns mittlerweile in der Dimension von Peta-, Exa- und Zettabyte. Wir suchen also nicht mehr die Nadel im Heuhaufen, sondern das Elektron in der Milchstraße.

ES IST UNMÖGLICH, ALLE KRIMINELLEN DINGFEST ZU MACHEN – UND DOCH GEHEN WIR STÄNDIG AN UNSERE GRENZEN.

Neben den immer wachsenden Datenmengen beobachten wir auch mit großer Sorge eine Zunahme der kriminellen Energie im Bereich der Kinder- und Jugendpornografie. Die Täterinnen und Täter nutzen in der Regel die neusten Technologien, um ihre Spuren zu verwischen. Gleichzeitig nehmen die technischen Möglichkeiten und die Drastik der zur Schau gestellten Perversitäten zu. Es ist eine Binse: Das Internet macht vor Landesgrenzen nicht halt, insbesondere Pädokriminelle sind weltweit via Darknet vernetzt. Solche Ermittlungen sind entsprechend zeit- und personalintensiv. Es ist unmöglich, dass wir alle Kriminellen dingfest machen, doch wir gehen ständig an unsere Grenzen – und häufig darüber hinaus. Besonders hilfreich und wünschenswert wäre in dieser Causa eine Europäische Staatsanwaltschaft (Rat der Europäischen Union 2024), wie es im Bereich der Wirtschaftskriminalität schon seit dem 1. Juni 2021 Usus ist. Die Vorteile liegen auf der Hand: Rechtshilfeersuche wären obsolet und die Informationen könnten zwischen den Staaten frei zirkulieren.

Doch natürlich arbeitet unser LKA BW schon seit vielen Jahren fallbezogen und insbesondere bei umfangreicheren Verfahren mit anderen Bundesländern, Staaten und Europol zusammen. So ist beispielsweise das europaweite Analyseprojekt „Twins" (Europol o. J.) ein wichtiger Baustein, um sexuelle Gewalt gegen Kinder und Jugendliche zu bekämpfen. Dieses Projekt von Europol generiert regelmäßig Erkenntnisse zu schwerwiegenden Straftaten, die auch zu konkreten Maßnahmen in Deutschland führen.

INTERNATIONALE ZUSAMMENARBEIT ALS SCHLÜSSEL IM KAMPF GEGEN KINDESMISSBRAUCH

Exemplarisch für einen weiteren internationalen Ansatz ist die wertvolle Arbeit der gemeinnützigen US-amerikanischen Organisation „National Center for Missing and Exploited Children (NCMEC o. J.)", kurz NCMEC. US-amerikanische Provider melden hierbei kinder- und jugendpornografische Inhalte an das NCMEC. Von dort landen die Hinweise zunächst beim BKA (Bundeskriminalamt o. J.), das diese wiederum an die Landeskriminalämter weiterleitet. Spezialistinnen und Spezialisten priorisieren und bearbeiten diese, um schnellstmöglich einen möglicherweise anhaltenden Missbrauch zu erkennen und zu beenden.

Ferner legt das LKA BW die fachlichen Bedarfe für die Polizei Baden-Württemberg fest und koordiniert beispielsweise sogenannte Actiondays (Ministerium des Inneren Baden-Württemberg 2023), also großangelegte länder- und staatenübergreifende Maßnahmen. Darüber hinaus gehen Spezialistinnen und Spezialisten des LKA BW online auf Streife, infiltrieren Tauschplattformen und gehen jedem Hinweis konsequent und entschlossen nach.

LIVE-ÜBERTRAGUNGEN VON MISSBRAUCHSFÄLLEN SIND EINE NEUE UND BESONDERS NIEDERTRÄCHTIGE DIMENSION.

Ein relativ neues und besonders niederträchtiges Phänomen sind Live-Übertragungen von sexuellen Missbrauchsfällen, das in dieser Form aufgrund wachsender Bandbreiten möglich ist. Nach Zerschlagung eines pädokriminellen Netzwerks auf den Philippinen rückte beispielsweise Ende 2024 ein Mann aus dem Alb-Donau-Kreis in den Fokus des LKA BW. Dieser verfolgte nicht nur den sexuellen Missbrauch von Mädchen im Alter zwischen zwei und zwölf Jahren, sondern bestimmte via Chatfunktion auch konkrete Handlungen. Dies ist unbestritten eine neue Dimension in der Kinder- und Jugendpornografie sowie beim sexuellen Missbrauch von Kindern und Jugendlichen. Auch und gerade bei diesem Phänomen ist es geboten, die internationale Zusammenarbeit weiter zu stärken (LKA Baden-Württemberg 2025b) und auszubauen.

VON HOFFNUNG UND ZUVERSICHT: KI IM EINSATZ GEGEN SEXUALISIERTE GEWALT

Das gilt auch für den Einsatz von Künstlicher Intelligenz, die längst nahezu in alle Lebensbereiche Einzug gehalten hat. Seit dem Jahr 2023 setzt das LKA BW bei seiner Auswerte- und Ermittlungstätigkeit diese Technologie ein (Saarländischer Rundfunk 2025), um die Bekämpfung sexualisierter Gewalt gegen Kinder und Jugendliche zu intensivieren. Hierbei werden kinder- und jugendpornografische Dateien von anderen separiert. Was viele nicht wissen: Dieser Vorgang ist bei den Ermittlungen der zeitintensivste. Zudem verringert die KI die Belastung der Ermittlerinnen und Ermittler, dennoch müssen diese sämtliche Ergebnisse überprüfen. Die KI fällt also kein Urteil, sie ersetzt auch nicht den Menschen, sondern ist lediglich eine wertvolle Unterstützung. Wir haben im Hinblick auf den Einsatz von KI natürlich einige Dinge auf unserem Wunschzettel stehen. So könnte uns KI helfen, Chats auszuwerten, um Hinweise auf einen sexuellen Missbrauch zu erhalten. Das gleiche gilt für die Gesichtserkennung oder die Analyse von Räumlichkeiten oder Landschaften, wenn ein konkreter Verdacht eines Missbrauchs im Raum steht. Ferner könnte die KI helfen, Bezüge von Einzelfällen herzustellen und Querverbindungen offenzulegen. Aber Sie ahnen es: Wie bei der Vorratsdatenspeicherung gilt es, das Verhältnis zwischen Datenschutz und Strafverfolgung auszutarieren. Bei diesem Thema üben wir uns in Hoffnung und Zuversicht.

IM IDEALFALL VERHINDERN WIR STRAFTATEN IM VORFELD, ANSTATT IM NACHHINEIN REPRESSIV ZU AGIEREN.

Innerhalb der Polizei gibt es einen vielzitierten Leitsatz: „Prävention ist die edelste Form der Polizeiarbeit.“ Und ja, im Idealfall können wir Straftaten im Vorfeld verhindern, anstatt im Nachhinein repressiv zu agieren. Das Referat Prävention des LKA BW nimmt sich unter anderem dem Thema Cybergrooming – wenn Täterinnen und Täter versuchen, via Internet-Plattformen Minderjährige zu sexuellen Handlungen anzustiften – und Sexting an. Bei Letztgenannten geht es um den freiwilligen Austausch von erotischen und sexuellen Fotos und Videos, meist über Messenger. So wird beispielsweise seit Beginn des Schuljahres 2022/2023 das landesweit standardisierte polizeiliche Präventionsprogramm „Klasse im Netz“ (Reinelt 2023) für die Klassenstufen fünf bis sieben umgesetzt, das unter anderem diese Themen behandelt. Ferner existieren zahlreiche Präventionsangebote des Programms polizeiliche Kriminalprävention des Bundes und der Länder, das beim LKA BW seine zentrale Geschäftsstelle hat. Zum Beispiel die prämierte Kampagne „Sounds Wrong“ (Polizeiliche Kriminalprävention 2025b) – Mit Zivilcourage gegen Missbrauchsdarstellungen“. Hier werden Kinder, Jugendliche und deren Eltern über die strafbare Verbreitung von Missbrauchsdarstellungen aufgeklärt. In diesem Kontext möchte ich nicht unerwähnt lassen, dass es auch Präventionsprojekte gibt, die sich an

Menschen richten, die sich sexuell zu Kindern hingezogen fühlen, darunter leiden und deswegen Hilfe suchen. Das Programm „Kein Täter werden" (Kein Täter werden o. J.) begann im Jahre 2005 als Pilotprojekt am Institut für Sexualwissenschaft und Sexualmedizin an der Charité – Universitätsmedizin in Berlin, wird vom Bundesministerium der Justiz gefördert und ist mittlerweile im gesamten Bundesgebiet, in der Schweiz und Liechtenstein etabliert.

„DAS SIND WIR DEN OPFERN SCHULDIG" VERANTWORTUNG DES LKA BW

Wir als LKA BW sind uns unserer hohen Verantwortung bewusst und lassen nichts unversucht, um Pädokriminellen das Handwerk zu legen. Hierbei stützen wir uns insbesondere bei unseren präventiven Maßnahmen auf die neusten Erkenntnisse der Wissenschaft. Es ist deliktsimmanent: Die Täterinnen und Täter nutzen die Schutzlosigkeit ihrer Opfer auf infamste Weise aus und nehmen deren Leid bewusst in Kauf. Häufig schweigen die Opfer aufgrund ihrer Schuld- und Schamgefühle. Es ist davon auszugehen, dass viele Taten im Dunkelfeld verbleiben oder erst Jahre später ans Licht kommen. Die Folgen sind vielfältig, aber in aller Regel gravierend. Die Täterinnen und Täter verursachen bei ihren Opfern lebenslange Traumata (Charité – Universitätsmedizin Berlin 2023; Habetha et al. 2012). Es kommt zu Angststörungen, Posttraumatische Belastungsstörungen, Suchtverhalten, zudem besteht ein erhöhtes Risiko für Suizidalität. Gleich, ob es sich um die Klärung oder Verhinderung der Fälle handelt, bedarf es vielfältiger und aufeinander abgestimmter Anstrengungen. Denn häufig sind die Täterinnen und Täter Autoritätspersonen aus dem engeren Umfeld der Opfer. Es ist und bleibt eine gesamtgesellschaftliche und komplexe Aufgabe, die nur im erfolgreichen Zusammenspiel aller Akteurinnen und Akteure gemeistert werden kann. Jede und jeder muss ihre und seine Hausaufgaben machen. Ich kann Ihnen versichern: Wir als LKA BW geben unser Bestes. Das sind wir den Opfern schuldig.

DIE TÄTER VERURSACHEN BEI IHREN OPFERN LEBENSLANGE TRAUMATA – VON ANGSTSTÖRUNGEN BIS ZU ERHÖHTER SUIZIDALITÄT.

»ICH WÜNSCHE MIR, DASS DIE GESELLSCHAFT MEHR HINSIEHT, WEIL EBEN NICHT JEDER ELTERN HAT, AUF DIE ER SICH VERLASSEN KANN, ES SIND JA OFT SOGAR DIE EIGENEN ELTERN, DIE EINEN IN IRGENDEINER WEISE MISSBRAUCHEN.«

Fridas Geschichte

SOZIAL-ARBEITERISCHE PERSPEKTIVEN AUF PROFESSIONELLES HANDELN IM ALLGEMEINEN SOZIALEN DIENST IM KONTEXT SEXUALISIERTER GEWALT

VON LENA KNAEBE UND MARTIN WAZLAWIK

ZWISCHEN VORWÜRFEN UND VERANTWORTUNG – REFLEXION DER SOZIALEN ARBEIT.

Fälle sexualisierter Gewalt gegen junge Menschen werden medial, gesellschaftlich und innerhalb von Professionsdiskursen der Sozialen Arbeit skandalisiert, mediatisiert und öffentlichkeitswirksam aufgearbeitet (Enders 2015). Hierbei wird das Jugendamt, oft auch eher polemisch, als „Amt, das nichts oder nicht ‚das Richtige' tut" (ebd.: 423) skizziert und Fachkräften vorgeworfen zu früh, zu spät, zu viel oder zu wenig getan zu haben; ein Vorwurf, der im Nachgang nicht selten auch etwas Wohlfeiles hat und nicht in jedem Fall die situativen Prozesse und Dimensionen angemessen berücksichtigt. In diesem Beitrag soll es darum gehen, das professionelle Handeln des Allgemeinen Dienstes (ASD) in Kontexten sexualisierter Gewalt zu reflektieren. Hierbei soll ein besonderer Fokus auf die im durch das BMBF geförderte Forschungsprojekt „Fokus Jugendamt – Partizipativer Wissenstransfer zu Kooperation, Hilfeplanung und Schutzkonzepten in der öffentlichen Kinder- und Jugendhilfe (FokusJA)" gelegt werden und analysiert werden, wie professionelles Handeln in Kontexten sexualisierter Gewalt hergestellt wird und werden kann und welche Bedarfe, Herausforderungen und Implikationen sich aus einer sozialarbeiterischen Perspektive ergeben.

SEXUALISIERTE GEWALT UND DER ASD – AKTUELLE DISKURSE, HERAUSFORDERUNGEN UND IMPLIKATIONEN

Das Jugendamt fungiert als zentrale Instanz im staatlichen Kinderschutz und steht unter dem Anspruch, sexualisierte Gewalt frühzeitig zu erkennen und angemessen zu intervenieren (§§ 8a, 8b SGB VIII). In der Praxis zeigen sich jedoch Unsicherheiten und strukturelle Defizite: Fachkräfte berichten über Schwierigkeiten bei der Gefährdungseinschätzung, der Zusammenarbeit mit anderen Institutionen sowie im Umgang mit den betroffenen Kindern (vgl. Bange 2019; Kindler 2012). Oft mangelt es an spezifischem Fachwissen und institutionellen Schutzkonzepten (Christmann et al. 2024). Die Frage danach, wie Professionalität sich innerhalb verschiedener Desiderate und Herausforderungen konturieren kann, kann nur durch die Betrachtung relevanter Diskurse fokussiert werden. Zunächst besteht ein großer Teil der Arbeit des Allgemeinen Sozialen Dienstes in der Urteils- und Entscheidungsfindung.

HILFEPLÄNE ORIENTIEREN SICH HÄUFIG EHER AN INSTITUTIONELLEN RAHMEN-BEDINGUNGEN ALS AN DEN BEDÜRFNISSEN DER KINDER.

Entscheidungen im Kinderschutz entstehen laut Kläsener (2024) nicht isoliert, sondern im Spannungsfeld von professionellen, institutionellen und juristischen Strukturen. Internationale Studien kritisieren eine intuitive, wenig evidenzbasierte Entscheidungspraxis (Taylor 2017; Spratt et al. 2015). Fachkräfte übernehmen zudem oft Deutungsmuster anderer Professionen (z. B. Medizin), ohne eine eigene Fachsprache zu entwickeln (Marks/Sehmer 2017).

Innerhalb von Prozessen der Hilfeplanung gemäß § 36 SGB VIII, die das zentrale Steuerungselement der Jugendhilfe darstellt (Schrapper 2018), wird gerade beim Verdacht auf sexualisierte Gewalt eine hochgradige Komplexität sichtbar und wirksam. Die Beteiligung von Kindern und Eltern wird gesetzlich gefordert, ist in der Praxis aber oft marginalisiert (Ackermann 2022). Hilfepläne orientieren sich häufig eher an institutionellen und gesellschaftlichen Rahmenbedingungen als an den Bedürfnissen der Kinder. Insbesondere in Fällen, die eine hohe emotionale Belastung für Fachkräfte bedeuten (Becker et al. 2020; Bange 2019) geraten die Bedürfnisse der Adressat*innen eher aus dem professionellen Blick der Fachkräfte. Die Praxis tendiert zur „Komplexitätsreduktion“, was zur Standardisierung von Verfahren führt (FokusJA, Marks et al. 2018). Im Zuge des Teilprojektes des Forschungsverbunds „FokusJA“ der Hochschule Hannover ließen sich im Kontext der geführten Gruppendiskussionen Orientierungen der Fachkräfte rekonstruieren (Bohnsack 2003; Bohnsack et al. 2013), die Aufschluss über die Spezifika von Hilfeplanung in Fällen sexualisierter Gewalt geben. Die Fachkräfte changieren hier zwischen Orientierungen, die sich auf die Fachkräfte und ihr eigenes Erleben beziehen (Orientierung an individueller Bewältigung der Fachkräfte, Orientierung an eigener subjektiver moralischer Bewertung), Orientierungen, die sich auf die Institution und die Rolle, die die Fachkräfte innerhalb derer einnehmen, beziehen (Orientierung an einer Sachbearbeitungslogik) und bei einer Gruppe auf Orientierungen, die sich an den Bedarfen, dem Tempo und der aktuellen Situation der Adressat*innen orientieren. Besonders deutlich wurde hier, dass die Fachkräfte sich vor allem vor dem Hintergrund des Themas sexualisierter Gewalt in einem Spannungsfeld zwischen (institutioneller) Norm und Habitus bewegen, dem durch die aufgezeigten Orientierungsrahmen begegnet wird. Fallimmanente Unsicherheiten, die in „normalen Kinderschutzfällen“ (D05) auftreten, werden in Kontexten sexualisierter Gewalt verstärkt, emotional und moralisch aufgeladen und führen deshalb zum Wunsch nach Sicherheit, der sich jedoch in einer Wahrnehmungs- und Entscheidungsunsicherheit widerspiegeln. Beim Blick auf die Adressat*innen von Hilfeplänen und Kinderschutzprozessen wird eine weitere Herausforderung des ASD deutlich: Besonders junge Menschen mit Behinderungen sind laut Forschung besonders häufig von sexualisierter Gewalt betroffen – Frauen mit Lernbehinderungen etwa bis zu zehnmal häufiger als Frauen ohne Behinderung (Stevens 2012; Kasper 2019). Im Zuge der geplanten Novellierung des SGB VIII werden junge Menschen mit Behinderungen vermehrt zu den Adressat*innen des ASD, wenngleich die Aufgabe des Kinderschutzes auch schon vorher zum Aufgabengebiet des ASD gehörte. Fachkräfte im Jugendamt zeigten im empirischen Material des Teilprojekts teils stereotype Zuschreibungen und ein eingeschränktes Verständnis von Behinderung, sowie verkürzte und stereotype Zuschreibungen von der Sexualität behinderter Menschen. Die Fachkräfte orientierten sich hierbei entweder an einem eingeschränkten Behinderungsbegriff, der die besondere Vulnerabilität der jungen Menschen mit Behinderungen nicht ausreichend schützt, oder an einer (Nicht-)Zuständigkeit, die durch die Überzeugung trotz des Wächteramts nicht für junge Menschen mit Behinderung zuständig zu sein, konturiert wird. Zwei Gruppen orientierten sich an der Sicherung des Kindeswohls, bei der das Bekanntwerden einer Behinderung des jungen Menschen und etwaige andere Zuständigkeiten der Eingliederungshilfe keine Rolle spielen.

Eine Strategie der Begegnung von Desideraten und Herausforderungen ist die Forderung nach Kooperation zwischen den Akteur*innen, die im Zuge von Fällen sexualisierter Gewalt relevant werden. Kooperation ist hier Schlüssel und Heraus forderung zugleich: Effektiver Kinderschutz erfordert interdisziplinäre Kooperation – etwa mit Polizei, Justiz, Beratungsstellen oder Gesundheitswesen (§§ 4 KKG, 8a SGB VIII). Diese ist jedoch in der Praxis häufig defizitär, da unklare Verantwortlichkeiten, unterschiedliche Berufslogiken und Machtasymmetrien die Zusammenarbeit erschweren (Köhn 2012; van Santen/Seckinger 2018). Sexualisierte Gewalt stellt deshalb besondere Anforderungen an Kooperation, etwa im Umgang mit Offenlegungen oder bei Rückfallprognosen (Mosser 2018; Kavemann 2002).

EFFEKTIVER KINDERSCHUTZ ERFORDERT INTERDISZIPLINÄRE KOOPERATION.

DAS JUGENDAMT STEHT VOR DEM ANSPRUCH, BETEILIGUNG ZU ERMÖGLICHEN UND SELBSTKRITISCH AUF EIGENE HAND-LUNGSLOGIKEN ZU BLICKEN.

Das Thema sexualisierte Gewalt stellt nicht nur Anforderungen im Kontext des Kinderschutzes und der Bearbeitung von Fällen, sondern auch an Organisationslogiken des ASD selbst: das Jugendamt – speziell der ASD – als Akteur*in der Kinder- und Jugendhilfe steht vor dem Anspruch, den Adressat*innen Beteiligung zu ermöglichen und selbstkritisch und reflexiv auf sich selbst sowie eigene Handlungs- und Entscheidungslogiken zu blicken. Die im Teilprojekt Münster durchgeführte Aktenanalyse basiert auf 13 Fallakten mit rund 5.000 Seiten, die unterschiedliche Dokumenttypen wie Protokolle, Gutachten und behördliche Unterlagen umfassen. Im Fokus steht die Rekonstruktion von Handlungs- und Entscheidungsverläufen des Allgemeinen Sozialen Dienstes (ASD) im Kontext sexualisierter Gewalt. Die Analyse verdeutlicht die Vielschichtigkeit der Kooperationsbeziehungen des ASD mit Akteur:innen wie Polizei, Familiengericht, Fachberatungsstellen, Gesundheitswesen und freien Trägern, die jeweils durch unterschiedliche Intensität, Formalisierung und Machtasymmetrien geprägt sind. Auffällig sind sowohl die zentrale Rolle von Fachberatung und freien Trägern in Hilfeprozessen als auch Spannungen zwischen sozialpädagogischen und klinischen Perspektiven, die eine kontinuierliche Aushandlung fachlicher Deutungshoheit erfordern.

Institutionelle Schutzkonzepte für den ASD zur Sensibilisierung, klaren Verantwortungsübernahme, Beschwerde- und Beteiligungsprozesse und Aufarbeitung liegen nur rudimentär vor und sind vor allem an Schutzkonzeptbegriffe im Zuge des Kinderschutzes geknüpft (Christmann et al 2024). Im Zuge der organisationstheoretischen Betrachtung des ASD vor dem Hintergrund von institutionellen Schutzkonzepten wird die Forderung nach klaren Strukturen der Aufarbeitung deutlich (Meysen et al. 2023). Die Aufarbeitung sexualisierter Gewalt umfasst demnach auch die Rolle des Jugendamtes – als mögliche Schutzinstanz oder als Ort des Versagens. Betroffene sollen gemäß § 83 SGB X und Art. 15 DSGVO Akteneinsicht erhalten und ihre Erfahrungen in reflexive Organisationsentwicklungen einbringen. Meysen et al. fordern u. a. gesetzliche Klarstellungen, professionelle Reflexionsräume und eine proaktive Einbindung von Betroffenen als „Expert:innen des Erlebens“ (Meysen et al. 2023, S. 149).

ZUSAMMENFASSUNG UND AUSBLICK

Sozialarbeiterische Perspektiven changieren zwischen unterschiedlichen theoretischen Aufladungen und Verortungen und bilden gleichzeitig einen Reflektionsrahmen innerhalb dessen sich Professionalität konstituieren kann. Professionsdiskurse in der Sozialen Arbeit sind in ihrer Gesamtheit heterogen und nicht einheitlich und beziehen sich auf unterschiedliche Handlungsfelder und Wissensbestände. Die empirischen Befunde zum ASD im Kontext sexualisierter Gewalt verdeutlichen ein Spannungsfeld zwischen gesellschaftlich-medialen Erwartungen, institutionellen Strukturen und den professionellen Handlungsmöglichkeiten der Fachkräfte. Vor diesem Hintergrund verdeutlicht die Diskussion um Professionalität, dass Fachkräfte einer reflexiven Professionalität bedürfen, die prozessorientiert und situationsbezogen ist und zugleich den bewussten Umgang mit Nicht-Wissen erfordert (Dewe 2013, S. 95 ff.). Ergänzend wird wissenschaftliches Wissen – etwa über Geschlecht, Macht und Gewalt oder den Umgang mit Behinderung – als notwendige Grundlage für die Ausbildung eines professionellen Habitus betont, der Fachwissen, ethische Haltung und Beziehungsarbeit verbindet (Becker-Lentz/Müller-Hermann 2013, 204 ff., 218 ff.).

EIN PROFESSIONELLER HABITUS VERBINDET FACHWISSEN, ETHISCHE HALTUNG UND BEZIEHUNGSARBEIT.

Professionelles Handeln im ASD angesichts sexualisierter Gewalt bedeutet, die Spannung zwischen Standardisierung und individueller Fallorientierung reflexiv zu bearbeiten, institutionelle Schutzkonzepte zu verankern und Ausbildung sowie Organisationsstrukturen so zu gestalten, dass Fachkräfte wissenschaftlich fundiert, ethisch reflektiert und partizipativ handeln können. Professionelles Handeln umfasst demnach sowohl Elemente einer reflexiven Professionalität, die sich auf Urteilskraft und ethischer Reflexion bezieht (Dewe 2013) aber auch wissenschaftliches Wissen als Teil der Disziplin- und Professionsentwicklung begreift und die Konzeption eines professionellen Habitus miteinbezieht (Becker-Lentz/Müller-Hermann 2013).

NICHT NUR EINE FRAGE DES „TRAUMAS“: SEXUALISIERTE GEWALT GEGEN KINDER UND JUGENDLICHE AUS PSYCHOLOGISCHER PERSPEKTIVE

VON ANGELIKA TREIBEL

SEXUALISIERTE GEWALT GEGEN KINDER UND JUGENDLICHE IST EIN KOMPLEXES THEMENFELD, DAS IN SEINER GÄNZE KAUM ERFASST WERDEN KANN – AUCH DANN NICHT, WENN MAN SICH AUF DIE PSYCHOLOGISCHEN ASPEKTE DES PHÄNOMENS BEGRENZEN MÖCHTE.

Sexualisierte Gewalt hat viele Erscheinungsformen. Diese umfassen eine Bandbreite von verbalen Grenzverletzungen über Grenzverletzungen im digitalen Raum bis zu Übergriffen, die körperliche und sexuelle Grenzen massiv und gewaltsam verletzen. Sexualisierte Gewalt kann jeden Menschen treffen und stellt für jeden betroffenen Menschen potenziell ein psychisch hoch belastendes oder gar traumatisierendes Ereignis dar. „Traumatisierung" im klinischen Sinne bedeutet, dass sich in Folge der Verletzung der sexuellen Grenzen bei der betroffenen Person eine psychische Störung entwickelt, die z. B. als „Posttraumatische Belastungsstörung" diagnostiziert wird. Auch andere psychische Störungen wie Angststörungen, Suchtprobleme und Depressionen, Bindungsstörungen und Identitätsstörungen sind als Folgen sexualisierter Gewalt dokumentiert. Die individuellen und gesamtgesellschaftlichen negativen Auswirkungen sexualisierter Gewalt sind schwerwiegend.

DAS DUNKELFELD SEXUALISIERTER GEWALT IST GROSS

Das statistische Risiko für eine Person, von sexualisierter Gewalt betroffen zu sein, unterscheidet sich je nach Gruppenzugehörigkeit stark. Genaue Aussagen zu Häufigkeiten und Gefährdungen sind jedoch durch das sehr große Dunkelfeld eingeschränkt. Mit „Dunkelfeld“ ist hierbei nicht nur gemeint, dass der überwiegende Teil der Straftaten gegen die sexuelle Selbstbestimmung nicht bei der Polizei angezeigt wird. Es gibt auch Taten, die Betroffene **überhaupt niemandem** mitteilen, auch keiner vertrauten Person. Und es gibt Taten, die von den Betroffenen nicht wahrgenommen werden (können), sei es, dass sie zu früh in der Kindheit stattgefunden haben, um erinnert zu werden, sei es, dass sie im Bewusstsein abgespalten („dissoziiert“) wurden, weil sie zu belastend sind (vgl. Büttner 2018). Oder sei es, dass sie stattgefunden haben, aber nicht als Grenzverletzung oder Gewalt wahrgenommen und bewertet werden, z. B., weil sie von einer vertrauten Person begangen wurden, oder weil die Übergriffe so regelmäßig geschehen, dass sie von der betroffenen Person als „Normalität“ betrachtet werden.

Bei von sexualisierter Gewalt betroffenen Kindern wird eine Mitteilung des Erlebten dadurch erschwert, dass sie die Widerfahrnisse möglicherweise nicht benennen oder verbalisieren können. Die angezeigten Sexualstraftaten stellen zahlenmäßig deshalb nur einen Bruchteil der tatsächlich stattgefunden Taten dar.

VIELE TATEN WERDEN NIE ANGEZEIGT, NIE ERZÄHLT, NIE ERINNERT – UND BLEIBEN DENNOCH REALITÄT.

Die jährliche vom Bundeskriminalamt herausgegebene Polizeiliche Kriminalstatik (BKA 2025), die über die angezeigten Straftaten (Hellfeld) berichtet, zeigt, dass Kinder und Jugendliche häufig von sexualisierter Gewalt betroffen sind. Weibliche Jugendliche und Heranwachsende haben statistisch betrachtet das größte Risiko, Opfer sexualisierter Gewalt zu werden (Statista 2025). Hier liegt eine Form struktureller Gewalt vor, die in systematischer Weise Frauen und Mädchen betrifft. Frauen sind in einem so spezifischen Ausmaß Machtmissbrauch und Grenzverletzungen ausgesetzt, dass sich die Frage stellt, ob es sich bei dieser Form der Gewalt um einen „Normbruch“ oder eine „Normverlängerung“ handelt (Hagemann-White 1992).

Die psychischen Auswirkungen und Belastungen durch sexualisierte Gewalt sind für betroffene Männer und Jungen jedoch genauso schwerwiegend. Hinzu kommt, dass davon auszugehen ist, dass das relative Dunkelfeld bei männlichen Betroffenen im Vergleich zu weiblichen Betroffenen noch größer ist. Die psychosozialen Unterstützungssysteme für männliche Betroffene sind insgesamt schlechter ausgebaut, sodass dies als zusätzliche Belastung für männliche Betroffene betrachtet werden muss (vgl. Mosser/Lenz 2014). Männliche Betroffene von Gewalt im Allgemeinen und auch von sexualisierter Gewalt haben darüber hinaus ein höheres Risiko, als Betroffene übersehen zu werden (vgl. Treibel/Seidler 2008). Bezüglich der Betroffen-heit unterschiedlicher Geschlechtergruppen ist weiter hervorzuheben, dass auch queere Jugendliche ein besonders hohes Risiko haben, nicht nur das Ziel gruppenbezogener Menschenfeindlichkeit zu werden, sondern auch von sexualisierter Gewalt (vgl. Das NETTZ 2024).

INDIVIDUELLE BELASTUNG STATT PAUSCHALER BEWERTUNG: JEDER FALL SEXUALISIERTER GEWALT IST EINZIGARTIG

Die individuelle psychosoziale Belastungssituation eines betroffenen Kindes oder einer jugendlichen Person ergibt sich aus einem komplexen Zusammenwirken unterschiedlichster Faktoren, wie Alter und Geschlecht der betroffenen Person, der Art der sexuellen Grenzverletzung, dem Bezug zum Täter bzw. zur Täterin sowie dem Kontext und der Häufigkeit der Grenzverletzungen. Hinzu kommen mögliche zusätzliche Belastungs- und Risikofaktoren bei der betroffenen Person, wie z. B. eine Behinderung. Doch auch innerhalb von Betroffenengruppen ist jeder Fall anders und bedarf der differenzierten Betrachtung. So ist auch die von außen eingeschätzte „Schwere“ einer sexuellen Grenzverletzung kein zuverlässiger Prädiktor dafür, wie hoch die psychische Belastung einer Person in Folge der Tat ist. Grenzverletzungen, die vom sozialen Umfeld als „geringfügig“ eingeschätzt werden, können für die betroffene Person im höchsten Maße belastend sein. Umgekehrt kann auch aus einem sexuellen Übergriff mit körperlicher Gewaltanwendung nicht automatisch geschlossen werden, dass die betroffene Person „traumatisiert“ ist. Die differenzierte Wahrnehmung der individuellen Lage einer betroffenen Person ist notwendig, um eine bedarfsgerechte und zielführende Unterstützung der Betroffenen zu gewährleisten.

DIE INDIVIDUELLE SITUATION ENTSCHEIDET, NICHT DIE ÄUSSERE EINSCHÄTZUNG DER TAT.

MEHR ALS TRAUMA: DIE KOMPLEXEN PSYCHISCHEN FOLGEN SEXUALISIERTER GEWALT

Auch wenn mittlerweile viele Studien und Expertisen zu sexualisierter Gewalt gegen Kinder und Jugendliche vorliegen (vgl. UBSKM 2025), sind das Ausmaß und die Komplexität der psychischen Auswirkungen kaum vollständig erfassbar und darstellbar. In Fachkreisen und auch in der Allgemeinbevölkerung erfolgt thematisch häufig eine Fokussierung auf die Begrifflichkeit des „Traumas" als Beschreibung der schwerwiegenden psychischen Auswirkungen sexualisierter Gewalt. Der Trauma-Begriff ist jedoch weder selbsterklärend noch in verbindlicher Weise eindeutig definiert – und er erfährt eine inflationäre Verwendung. Gleichzeitig droht mit der Fokussierung auf den Trauma-Begriff eine Komplexitätsreduktion der psychischen Auswirkungen. Psychologische Fragestellungen zum Thema sexualisierte Gewalt sind nicht auf klinische Aspekte, wie den des Traumas, begrenzbar. Sie berühren auch entwicklungspsychologische Fragestellungen, Fragen von Kommunikation und sozialer Einbindung, von Erklärungsansätzen zur Entstehung sexualisierter Gewalt u. a. Sexualisierte Gewalt findet stets in einem sozialen Kontext statt. Das gilt nicht nur für die Tatbegehung, sondern auch für die psychischen Auswirkungen, für die Bewältigung sowie auch für die Ursachen sexualisierter Gewalt und ihrer Prävention. Alles findet in sozialen Wechselwirkungen statt und wird vom gesamtgesellschaftlichen Umgang mit der Thematik beeinflusst.

Ginge man davon aus, dass alle Kinder und Jugendlichen, denen eine Form sexualisierter Gewalt widerfahren ist, psychotherapeutisch behandelt werden müssen, so zeigt ein Blick auf die realen Versorgungsstrukturen und Wartezeiten, dass diese Versorgung kaum gelingen kann. Auch deshalb braucht es ausdrücklich einen differenzierten Blick auf den Einzelfall. Psychosoziale Belastungen betroffener Kinder und Jugendlicher können nicht allein auf der Basis von individuumszentrierten klinischen Diagnosen aufgefangen werden. (Für eine kritische Reflexion von Diagnosen bei Kindern und Jugendlichen vgl. Retzlaff 2021, S. 86 ff.).

NICHT JEDES KIND BRAUCHT EINE DIAGNOSE, SONDERN INDIVIDUELLE UNTERSTÜTZUNG.

ES IST NICHT AUFGABE VON KINDERN, GRENZVERLETZUNGEN ABZUWEHREN – ES IST AUFGABE ALLER, GRENZEN ZU ACHTEN.

PRÄVENTION ALS GESAMTGESELLSCHAFTLICHE AUFGABE

Aus psychologischer Sicht ist es sinnvoll, den Fokus zu weiten und präventive Ansätze weiter auszubauen. Prävention bedeutet dabei nicht nur, sexuelle Übergriffe möglichst zu verhindern und Kinder und Jugendliche in ihrem Selbstvertrauen und in der Wahrnehmung ihrer Grenzen zu stärken. Es geht auch darum, im Sinne der „Sekundärprävention", – d. h., wenn ein Übergriff geschehen ist –, weiteren möglichen Schaden abzuwenden. Ein gut informiertes und besonnen handelndes soziales Umfeld kann für Betroffene von entscheidender Bedeutung sein. Denn ein wesentlicher Befund aus Befragungen ist der, dass betroffene Kinder und Jugendlich sich **nicht** am häufigsten zuerst an eine Hilfe-Hotline oder eine Beratungsstelle wenden. Betroffene Kinder und Jugendliche wenden sich am häufigsten an Peers bzw. an Personen ihres persönlichen Umfelds (vgl. Gulowski/Krüger 2020; Kavemann et al. 2016). Umfänglich informiert und handlungsfähig zu sein ist die wichtigste Voraussetzung dafür, Betroffene hilfreich unterstützen zu können.

Kinder und Jugendliche in der Wahrnehmung ihrer eigenen Grenzen sowie im Respekt vor den Grenzen anderer zu stärken, ist eine gesamtgesellschaftliche Aufgabe, die nicht auf Fachkräfte begrenzbar ist. Auch Prävention muss umfassend definiert sein. Es kann nicht die Aufgabe von Kindern und Jugendlichen sein, drohende sexuelle Grenzverletzungen abzuwehren – das kann ihnen auch nicht gelingen. Es ist Aufgabe von allen, dazu beizutragen, dass sexuelle Grenzen respektvoll geachtet werden. Die Zurverfügungstellung von allgemeinverständlicher Fachinformation zum Thema sexualisierte Gewalt und die reflektierte Kommunikation über die Thematik sind jenseits von psychotherapeutischen Angeboten relevante psychologische Themen, die angesichts der Knappheit psychotherapeutischer Ressourcen umso bedeutender werden.

AUFARBEITUNG ALS EMPOWERMENT

VON HEINER KEUPP

ES SIND BETROFFENE, DIE DIE MAUERN DES SCHWEIGENS EINREISSEN UND INSTITUTIONEN ZUR AUFARBEITUNG DRÄNGEN.

Ausgangspunkt bei Aufarbeitungsprojekten ist immer das Erleben und Handeln der Subjekte, aber wir wollen wissen, welche Risikostrukturen in familiären Kontexten, in Institutionen der Kinder- und Jugendhilfe (vor allem Heimen), in schulischen Kontexten (z. B. Internaten), im Sport, in der Jugendarbeit und religiösen Einrichtungen zu dramatischen Menschenrechtsverletzungen führen konnten. Eine Strukturkomponente ist offensichtlich und das zeigen die vorliegenden Berichte und Studien der verschiedenen Disziplinen eindeutig: Es geht um Machtverhältnisse und das ungeschützte Ausgesetztsein gegenüber machtvollen Instanzen, seien es Väter und Mütter, Erzieher*innen, Pfleger*innen in Heimen sowie Präfekten und Lehrer*innen in Internaten, Trainer*innen im Sport, Jugendleiter*innen bei den Pfadfindern und Priester, Pfarrer, Mönche, Nonnen und Diakonissen und weitere Mitarbeiter im kirchlichen Kontext. Macht in hierarchischen Beziehungen kann legitim sein, etwa in den Rollen als Eltern, Lehrer*innen, Gruppenleiter*innen, Trainer*innen, Seelsorger*innen, aber ist immer auch gefährdet, sich zu Machtmissbrauch zu entwickeln und dann wird aus Macht Gewalt, körperliche, psychische, sexualisierte oder spirituelle Gewalt. Es kommt zu einer Differenzierung von Täter*innen, Tatkontexten und von Gewalt Betroffenen. Der Begriff „Opfer“ ist mehr als angemessen, wenn wir die sexualisierte Gewalt an Kindern und Jugendlichen thematisieren. Aber viele Erwachsene, die ihre eigenen Erfahrungen mit sexuellen Grenzüberschreitungen in ihrer Lebenswelt, in Psychotherapie, in Selbsthilfegruppen oder in vertraulichen und/oder öffentlichen Anhörungen bearbeiten, wehren sich gegen die Zuschreibung des Opferstatus. Manche definieren sich als „Überlebende“ oder als „Widerstandskämpfer“ oder betonen ihr persönliches Wachstum. Aus diesem Kreis kommen die Menschen, die begonnen haben, die Schweigemauern, um das große Tabu der unzähligen gewaltgeprägten Grenzüberschreitungen niederzureißen und die beteiligten Institutionen in die Pflicht zur Aufarbeitung zu nehmen.

VOM OPFER ZUR KÄMPFERIN, VOM AUSGESCHLOSSENEN ZUM ANERKANNTEN – IDENTITÄTEN VERÄNDERN SICH IM PROZESS DER AUFARBEITUNG.

BETROFFENE KÄMPFEN FÜR AUFARBEITUNG

2010 haben sich die gesellschaftlichen Bedingungen, unter denen Betroffene das Erlebte öffentlich kommunizieren konnten, erkennbar verändert. In den Jahrzehnten zuvor mussten Betroffene zumeist die Erfahrung machen, dass ihre Initiativen (z. B. in Form von Selbsthilfegruppen, Selbsthilfekongressen, Beratungsstellen, Literatur) in gesellschaftliche Nischen gedrängt wurden, womit das Risiko eines habitualisierten „Exklusionsempfindens" (Bude/Lantermann 2006) einherging. Dennoch (oder gerade deshalb?) haben auch in dieser Zeit Betroffene erhebliche „Widerstandsressourcen" mobilisiert oder wirksame Ansätze von „fighting back" (im Sinne einer öffentlichen Skandalisierung sexualisierter Gewalt) gezeigt. Insgesamt haben sich aber die Bedingungen für „öffentliches" und „privates" disclosure in den letzten Jahren deutlich verändert. In diesem Prozess der Thematisierung sexualisierter Gewalt haben sich neue Identitätsmuster herausbilden können: Menschen, die endlich über ihr Schicksal reden konnten und dabei auf Gehör stießen, solche, die sich in ihrer Opferrolle anerkannt sahen und solche, die in der Arena der neuen Öffentlichkeit die Rolle als Kämpfer für die Anerkennung des Leids und für eine konsequente Aufarbeitung einnahmen (vgl. Busch/Dill/Mosser 2020; Mosser 2020). Hier sind also unterschiedliche „Karrieren" entstanden, die sich erkennbar von jenen Prozessen unterscheiden, die Betroffene vor 2010 durchzustehen hatten, als es noch kein relevantes öffentliches Interesse an ihren Lebensgeschichten gab. In Studien aus unterschiedlichen disziplinären Perspektiven wird die Dynamik des Opferstatus untersucht (Holtermann 2017; Giglioli 2017; Grave et al. 2017; Kast 2019). Es wird gezeigt, dass verschiedene Befreiungsbewegungen (z. B. die der Schwulen und Lesben) aufzeigen, dass diskriminierte und exkludierte Minderheiten sich von Opferrollen befreien können. Zum Verständnis von Lebensverläufen Betroffener sexualisierter Gewalt erscheint es jedenfalls wichtig, (gesellschaftliche) Zuschreibungsprozesse in ihrem Zusammenspiel mit Identitätsentwicklungen zu analysieren (Paul 2016). Das Reaktionsspektrum, das Betroffene erfahren, bietet ihnen Resonanzräume, deren Qualität sich entscheidend auf die Bewältigungschancen auswirkt.

EMPOWERMENT

Soziale Initiativen und Bewegungen sind ohne die Geschichten des Widerstandes, radikaler Veränderungen und Emanzipation gar nicht verständlich. In der Bürgerrechtsbewegung, der Psychiatriereform, der Frauenbewegung bis zur Fridays-for-Future-Bewegung war es ein zentrales Anliegen, die Stimme zu erheben, Rechte, Gerechtigkeit und Ressourcen einzuklagen sowie sich Gehör in einer größeren Öffentlichkeit zu verschaffen. Gerade die Frauenbewegung hat dem Begriff „voice" eine besondere Bedeutung beigemessen (vgl. Cooper 2019). Das für die Gemeindepsychologie zentrale Konzept Empowerment, das Julian Rappaport eingeführt hat (Rappaport 1981), war von Anfang an mit der narrativen Perspektive verknüpft (Rappaport 1995) und wurde vor allem als ein Handlungsanspruch verstanden, der nicht auf die individuelle Ebene verkürzt werden darf. Die Einbindung persönlicher Geschichten in einen an die Öffentlichkeit adressierten Diskurs gibt Betroffenen die Chance, ihr eigenes Erleben mit anderen zu teilen und für kollektive Veränderungen einzutreten (Rappaport 1998, 2000). Empowerment ist vor allem eine Grundhaltung für Professionelle, die ihre fachlichen Kompetenzen dafür einsetzen sollen, Betroffene zu ermutigen, die eigenen Anliegen aktiv selbst voranzutreiben und sich nicht in Opferpositionen zurückzuziehen (vgl. Lenz/Stark 2002; Keupp 2018, 2019). Ein wichtiges Beispiel im Handlungsfeld der Aufarbeitung sexualisierter Gewalt ist die Einrichtung eines Betroffenenrates, in dem Personen mit individuellen Missbrauchserfahrungen in unterschiedlichen Kontexten zusammenarbeiten und den Unabhängigen Beauftragten für Fragen des sexuellen Kindesmissbrauchs beraten und sich öffentlich mit ihren wichtigen Botschaften und Empfehlungen zu Wort melden.

AUS PERSÖNLICHEN GESCHICHTEN WIRD KOLLEKTIVER WIDERSTAND – UND GESELLSCHAFTLICHE VERÄNDERUNG.

Entscheidende Anstöße für die Aufdeckung der Missbrauchsgeschichte einer Institution waren erste Vernetzungsmöglichkeiten von Betroffenen. Vor allem in den kirchlichen und pädagogischen Internaten waren es Klassentreffen, bei denen erste Thematisierungen begannen. Es entstanden Selbsthilfegruppen und Betroffenenvereine, die als kollektive Zusammenschlüsse den Druck auf die Täterinstitutionen erheblich verstärken und Aufarbeitungsprozesse erzwingen konnten. Vor allem die sozialen Medien gewannen immer mehr an Bedeutung und schufen vor allem niedrigschwellige Austauschmöglichkeiten. Auch einzelne Betroffene, die sich intensiv mit ihrer eigenen Geschichte auseinandergesetzt haben, sehen eine Aufgabe darin, andere Betroffene zu unterstützen und Selbsthilfegruppen im lokalen oder regionalen Umfeld anzuregen und zu begleiten.

SENSE MAKING

Eine Missbrauchshandlung lässt sich als dyadisches Geschehen beschreiben, das Täter und Tatbetroffene in einer einseitig dominierten Machtbeziehung verbindet. Aber diese Dyade ist in aller Regel Teil einer institutionellen Konfiguration, die strukturell am Missbrauch beteiligt ist, für die er auch Folgen hat. Sei es als ein Handlungsrahmen, der Grenzüberschreitungen ermöglicht, zulässt, verharmlost, leugnet oder vertuscht. Nicht selten gerät ein den Missbrauch ermöglichendes oder -tolerierendes System in eine schwere Legitimationskrise, wenn Taten aufgedeckt und öffentlich diskutiert werden. Der renommierte Organisationsforscher Karl Weick (2009) zeigt auf, wie sich Organisationen und Institutionen in Krisen verhalten und für sich wieder um Normalität bemüht sind. Es geht dann immer um die Fragen, wie das System seinen Bestand sichern kann, warum man mögliche Anzeichen der Krise nicht ernst genommen hat, warum die Führungsebene nichts oder falsche Maßnahmen unternommen hat. Dabei ist Aufarbeitung in der sogenannten „Post-Krisenphase" wichtig, wobei es um einen interpretativen Prozess geht, den Weick „sense making" nennt. In kirchlichen oder pädagogischen Institutionen geht es im Prozess der institutionellen Sinnstiftung um das Sichtbarmachen von gefährdenden Machtstrukturen und um offene oder in Subtexten wirksame Ideologien.

Eine elementare Voraussetzung für den Sinnfindungsprozess ist die konsequente Einbeziehung von Betroffenen. Ob dieser Aufarbeitungsprozess den Bestand eines Systems ermöglicht, hängt einerseits davon ab, dass die beteiligten Akteure die toxischen Abläufe in den eigenen Organisationsstrukturen und -ideologien begreifen und grundlegend zu verändern suchen, aber andererseits auch von externen Faktoren (z. B. staatlichen Eingriffen und Finanzierungen). Am Beispiel der Kirchen kann man sehen, dass einzelne Einrichtungen in kirchlicher Trägerschaft von der strukturellen Veränderungsbereitschaft oder -resistenz der Megainstitutionen abhängig sind.

BETROFFENE UND INVESTIGATIVER JOURNALISMUS HABEN GESCHLOSSENE SYSTEME WIE DIE KIRCHE AUFGEBROCHEN.

OB SYSTEME BESTEHEN, HÄNGT DAVON AB, OB SIE IHRE TOXISCHEN STRUKTUREN BEGREIFEN UND VERÄNDERN.

TRANSFER IN DIE ZIVILGESELLSCHAFT

Der Anspruch subjektives Erleben und Erleiden nicht zu individualisieren und es in einen überindividuellen gesellschaftlichen Rahmen einzuordnen und in ihm Veränderungsdynamiken anzustoßen gelingt in aller Regel nur, wenn dafür das Aktivitätspotential der Zivilgesellschaft mobilisiert wird. Dieses Kriterium steht im Mittelpunkt der Analyse von Jeffrey C. Alexander (2019), der den Begriff der „societalization“ eingeführt hat und der an unterschiedlichen Beispielen aufzeigt, dass soziale Krisen eine zivilgesellschaftliche Resonanz benötigen, die soziale Bewegungen auslösen kann. In aller Regel sind es nicht die staatlichen Instanzen, die Probleme identifizieren und aus eigenem Antrieb Lösungen auf den Weg bringen. Entscheidend ist die „Vergesellschaftung“ eines Problems. Unter anderem zeigt Alexander am Beispiel des dramatischen Ausmaßes sexualisierter Gewalt in der katholischen Kirche der USA wie wichtig es war, dass durch die konzertierte Aktion von Betroffenen und investigativem Journalismus das geschlossene System der Kirche aufgebrochen werden konnte. Auch in der Bundesrepublik hat dieser Vergesellschaftungsprozess stattgefunden. Die Skandalisierung und Aufdeckung von sexualisierter Gewalt in kirchlichen und pädagogischen Internaten, Schulen und Heimen durch Betroffene und durch Medien haben dem Thema eine öffentliche Diskursarena verschafft und schließlich auch staatliche Institutionen zu Maßnahmen veranlasst (z. B. Runde Tische, Förderlinien für Forschungsprojekte, Einrichtung des UBSKM (Unabhängige Beauftragte für Fragen des sexuellen Kindesmissbrauchs) und einer Aufarbeitungskommission). Auch die sozialwissenschaftlichen Aufarbeitungsprojekte und anwaltschaftliche Aufklärungsverfahren sind zu wichtigen Transferinstrumenten geworden, die Informationen über Taten, Tatorte und vor allem die lebensgeschichtlichen Folgen für Betroffene einer Gesellschaft übermitteln, die sich ihrer Mitverantwortung bewusst werden soll. Bei dem Transfer in die Zivilgesellschaft kann künstlerisches Engagement eine zentrale Rolle einnehmen. Das zeigen Theater, die Geschichten von Betroffenen zusammen mit diesen auf die Bühne bringen.

SCHUTZ VOR SEXUELLER GEWALT – WELCHEN BEITRAG KANN DAS RECHT LEISTEN?

VON KATHARINA LOHSE

DAS RECHT VON KINDERN UND JUGENDLICHEN AUF SCHUTZ VOR SEXUALISIERTER GEWALT

Im Referentenentwurf des Gesetzes zur Stärkung der Strukturen gegen sexuelle Gewalt an Kindern und Jugendlichen (UBSKMG) hieß der erste Satz noch

»KINDER UND JUGENDLICHE HABEN EIN RECHT AUF SCHUTZ VOR SEXUELLER GEWALT UND AUSBEUTUNG.«

In der Fassung, die zum 01.07.2025 in Kraft getreten ist, heißt es dagegen „nur" noch:

»ZIEL DES GESETZES IST ES, DASS DIE STAATLICHE GEMEINSCHAFT KINDER UND JUGENDLICHE VOR SEXUELLER GEWALT UND AUSBEUTUNG SCHÜTZT.«

Dass sich in der finalen Fassung die schwächere Formulierung durchgesetzt hat, ist äußerst bedauerlich. Es wäre ein wichtiges Signal gewesen, das sich aus dem Recht auf Leben und körperliche Unversehrtheit sowie dem Allgemeinen Persönlichkeitsrecht ergebende Recht von Kindern und Jugendlichen auf Schutz vor (sexualisierter) Gewalt in der einfachgesetzlichen Umsetzung ausdrücklich aufzugreifen (Art. 2 Abs. 2, Art. 2 Abs. 1 iVm Art. 1 Abs. 1 GG).

Der Staat erfüllt den Schutzanspruch von Kindern und Jugendlichen vor sexualisierter Gewalt auf unterschiedlichen Rechtsebenen. Mit dem Strafrecht (§§ 174 ff. StGB) soll künftigen Straftaten vorgebeugt werden, mit dem Jugendschutzgesetz (JuSchG) sollen Kinder und Jugendlichen vor Gefahren in Gaststätten und der medialen/digitalen Welt geschützt werden. Im Folgenden werden die Schutzmechanismen vorgestellt, die das Kinder- und Jugendhilfe- und Familienrecht bereithalten.

SCHUTZ-MECHANISMEN IM KINDER- UND JUGENDHILFE- UND FAMILIENRECHT

AUFKLÄRUNG, BETEILIGUNG UND SELBST-BESTIMMUNG ALS SCHUTZFAKTOREN

Ein elementares Instrument zum Schutz von Kindern und Jugendlichen vor sexualisierter Gewalt ist, dass sie über ihre Rechte aufgeklärt, an Entscheidungen beteiligt und in ihrer Persönlichkeitsentwicklung und Selbstbestimmung gefördert werden. Die Aufgabe, Kinder im Bewusstsein ihrer Rechte aufwachsen zu lassen, kommt vor allem ihren Eltern zu (Art. 6 Abs. 2 S. 1 GG). Dabei muss sich ihre Erziehung immer am Wohl des Kindes orientieren; Gewalt und entwürdigende Erziehungsmethoden sind ausdrücklich verboten (§ 1631 Abs. 2 BGB). Je älter das Kind wird, desto mehr Recht hat es auf Mit- und Selbstbestimmung (§ 1626 Abs. 2 BGB). Aber auch die Kinder- und Jugendhilfe (Kita, Jugendarbeit und vieles mehr) und die Schule haben als zentrale Sozialisations- und Aufenthaltsorte von Kindern und Jugendlichen den gesetzlichen Auftrag, Kinder und Jugendliche in ihrer Persönlichkeitsentwicklung zu stärken und dabei Kinder über ihre Rechte aufzuklären (vgl. z. B. § 2 SchulG Berlin).

Auch wenn Förderung der Persönlichkeitsentwicklung und partizipative Erziehung auf den ersten Blick eher als pädagogische Kategorien erscheinen, ist daneben ihre Dimension als „Recht" hervorzuheben, weil damit ihre allgemeine Geltung und Verbindlichkeit unterstrichen wird.

GESETZLICHE SCHUTZAUFTRÄGE

Die meisten Übergriffe finden zuhause oder im sozialen Nahraum statt (Andresen et al. 2021). Hier sind Kinder und Jugendliche besonders schwer zu schützen, weil die strategische Verdeckung der Übergriffe durch die Täter zu den Merkmalen von sexueller Gewalt gehört. Es braucht ein aufmerksames und ansprechbares Umfeld, damit Kinder, die missbraucht werden, sich anvertrauen können oder der Missbrauch erkannt wird. Das Recht sieht daher für Personen, die in der Kinder- und Jugendhilfe arbeiten oder die zu dem Kind und der Familie sonst ein besonderes Vertrauensverhältnis haben, wie zum Beispiel Lehrer*innen oder Ärzt*innen, vor, dass diese, wenn sie im Rahmen der Ausübung ihres Berufs Anhaltspunkte für eine Kindeswohlgefährdung wahrnehmen, mit den Eltern und dem Kind ins Gespräch gehen, und darauf hinwirken, dass die Familie Hilfe annimmt. Reicht das nicht aus, um das Kind zu schützen, dürfen sie das Jugendamt informieren, obwohl sie eigentlich der

KINDERSCHUTZ BEGINNT MIT DEM BEWUSSTSEIN: PERSÖNLICHKEITSENT-WICKLUNG UND SELBST-BESTIMMUNG SIND RECHTE – KEINE PÄDAGOGISCHEN EXTRAS.

Schweigepflicht unterliegen (§ 8a Abs. 4 SGB VIII, § 4 Abs. 1–3 KKG, § 203 StGB). In der Praxis bestehen gerade bei einem Verdacht auf sexuelle Gewalt oft Unsicherheiten, ob sie die Anhaltspunkte „überinterpretieren“, ob und wie mit dem Kind und den Eltern gesprochen werden soll, ob das Kind sofort aus der Familie genommen werden muss (DIJuF/SFK2 2024). Umso wichtiger ist, dass Fachkräfte ihren Anspruch auf Beratung nutzen (§ 8b SGB VIII) und flächendeckend Beratung zu Verfügung steht (vgl. MFFKI 2024).

Wird das Jugendamt informiert, muss es prüfen, ob Hilfen des Jugendamts ausreichen, um das Kind zu schützen, und andernfalls das Familiengericht anrufen; bei einer dringenden Gefahr muss es das Kind sofort aus der Familie herausnehmen (§ 8a Abs. 1, 2 SGB VIII). Eine dauerhafte Trennung gegen den Willen der Eltern kann jedoch nur das Familiengericht entscheiden. Da dies der schwerste Eingriff in die Grundrechte von Eltern und Kind ist, darf eine Herausnahme nur angeordnet werden, wenn weniger eingreifende Maßnahmen zum Schutz des Kindes nicht ausreichen (§§ 1666, 1666a BGB). Dieser Verhältnismäßigkeitsgrundsatz führt in der Praxis insbesondere dann zu Problemen, wenn die Wahrscheinlichkeit für einen Übergriff eher gering ist (z. B. weil neben weiteren Umständen die Verurteilung des neuen Lebenspartners der Mutter wegen des Besitzes von Missbrauchsdarstellungen lange zurückliegt). Dann muss das Familiengericht sehr sorgfältig abwägen, ob das Kind aus der Familie herausgenommen werden muss oder ob z. B. ein Gebot an die Mutter, das Kind nicht mit dem Lebenspartner alleine zu lassen, ausreicht (vgl. BGH 6.2.2019 – XII ZB 408/18).

SEXUELLE GEWALT GESCHIEHT MEIST IM NAHRAUM – FACHKRÄFTE BRAUCHEN KLARHEIT UND BERATUNG IM KINDERSCHUTZ.

INSTITUTIONELLER SCHUTZ

Neben dem Schutz vor innerfamiliärer Gewalt muss der Schutz von Kindern und Jugendlichen in Institutionen besondere Beachtung finden. Leben Kinder in Einrichtungen der Kinder- und Jugendhilfe („Heime“) oder halten sich dort große Teile des Tages auf (z. B. in einer Kita), sind sie besonders vulnerabel, weil sie fern der Eltern sind und Einblicke von außen in das tatsächliche Geschehen in einer Einrichtung nicht leicht möglich sind. Um dem Schutzbedarf der Kinder und Jugendlichen gerecht zu werden, brauchen Einrichtungen, in der Kinder und Jugendliche betreut werden, eine Betriebserlaubnis (§§ 45 ff. SGB VIII), die nur erteilt wird, wenn ein Gewaltschutzkonzept vorliegt und die Möglichkeit zur Beschwerde innerhalb und außerhalb der Einrichtung besteht. Zum institutionellen Schutz gehört auch, dass Fachkräfte, die in der Kinder- und Jugendhilfe arbeiten, regelmäßig ein erweitertes Führungszeugnis vorlegen müssen (§ 72a SGB VIII; ausf. Lohse et al. 2021).

INSTITUTIONELLER KINDERSCHUTZ BRAUCHT VERBINDLICHE KONZEPTE.

Die Forderung, Schutzkonzepte zur Pflicht für Institutionen zu machen, hat schon der Runde Tisch Sexueller Kindesmissbrauch 2010 erhoben. Im SGB VIII gilt sie seit dem Kinder- und Jugendstärkungsgesetz von 2021 (KJSG) nicht nur für Einrichtungen, sondern auch für Pflegefamilien und seit dem UBSKMG von diesem Jahr auch für ambulante Leistungen (z. B. Jugendclubs oder Erziehungsbeistände). Und auch in Handlungsfeldern außerhalb der Kinder- und Jugendhilfe setzen sich Schutzkonzepte durch: Immer mehr Schulgesetze sehen für Schulen eine Schutzkonzepte-Pflicht vor (z. B. § 4 Abs. 10 SchulG SH), auch für Kliniken gibt es eine entsprechende Vorgabe (G-BA, RL vom 17.11.2020). Aktuell wird über eine mögliche Erweiterung der Schutzkonzeptpflicht auf kommerzielle Angebote (wie z. B. Jugendreisen) diskutiert.

AUSBLICK

Das rechtliche Gerüst des Kinder- und Jugendhilfe- und Familienrechts, um Kinder und Jugendliche vor sexualisierter Gewalt zu schützen, ist in den letzten Jahren, insbesondere mit dem KJSG und dem UBSKMG deutlich verbessert worden. Ob ein Gesetz wirklich gut ist, zeigt sich allerdings erst mit seiner Umsetzung. Nun geht es also darum, mit politischem Willen, beruflichem und gesellschaftlichem Engagement sowie ausreichend Ressourcen, das Recht von Kindern und Jugendlichen auf Schutz vor sexueller Gewalt effektiv umzusetzen.

»ICH SELBST HABE MIR
DEN MISSBRAUCH DANACH
JAHRZEHNTELANG SEHR KLEIN-
GEREDET. DAS GEFÜHL VON
SCHAM UND STIGMA IST IMMER
BEI MIR GEBLIEBEN.«

Nadines Geschichte

MISSBRAUCH IN KIRCHLICHEN INSTITUTIONEN –

EINE STRUKTURELLE PROBLEMANZEIGE MIT BESONDEREM FOKUS AUF DIE EVANGELISCHE KIRCHE IN DEUTSCHLAND

VON MARIE-LUISE FAHR

TAUSENDE BESCHULDIGTE, ZEHNTAUSENDE BETROFFENE – UND NOCH IMMER EIN RIESIGES DUNKELFELD.

Sexualisierte Gewalt in kirchlichen Institutionen ist seit den 2010er Jahren ein zentrales Thema in der öffentlichen Debatte. Während zunächst die katholische Kirche besonders im Fokus stand, ist seit einigen Jahren auch die evangelische Kirche in Deutschland (EKD) zunehmend unter Druck geraten, systematische Versäumnisse im Umgang mit sexualisierter Gewalt aufzuarbeiten.

Die katholische Kirche beauftragte 2010 ihre bislang umfangreichste Studie, die MHG-Studie, die 2018 erschien und 38.156 Personalakten aus den Jahren 1946–2014 auswertete (Dreßing et al. 2018, S. 5 ff.). Dabei wurden 1.670 beschuldigte Kleriker und 3.677 betroffene Kinder und Jugendliche identifiziert (Dreßing et al. 2018, S. 5). Die EKD folgte 2020 mit der ForuM-Studie für die Jahre 1946 bis 2020, die 2024 veröffentlicht wurde. Sie analysierte lediglich 4.282 Disziplinarakten und 780 Personalakten sowie 1.318 weitere Unterlagen – infolge verweigerter Akteneinsicht (ForuM 2024, S. 815). Die ForuM-Studie geht auf Basis der zur Verfügung gestellten Unterlagen von 1.259 Beschuldigten und 2.225 Fällen aus (ebd., S. 815). Werden fehlende Unterlagen durch Hochrechnungen kompensiert, so ergeben sich höhere Zahlen von 9.355 Betroffenen und 3.497 Beschuldigten (ForuM 2024, S. 725). Beide Studien verweisen auf hohe Dunkelziffern und darauf, dass sie womöglich nur die „Spitze der Spitze“ des Eisbergs erfassen (ForuM 2024, S. 726). Ein wesentliches Unterscheidungsmerkmal der beiden Kirchen ist die Organisationstruktur: Die katholische Kirche agiert zentralistisch, die EKD hingegen föderal, da sie aus 20 eigenständigen Gliedkirchen besteht. Diese Dezentralität erschwert eine flächendeckende Aufarbeitung und zeichnet ein sehr heterogenes Bild, was den Umgang mit sexualisierter Gewalt in der evangelischen Kirche betrifft (ForuM 2024, S. 722 ff.; Bange et al. 2014, S. 237).

Im Folgenden fokussiert der Beitrag vor allem auf einzelne Aspekte struktureller Bedingungen von sexualisierter Gewalt in der EKD. Die Bezeichnung „strukturell", wird in diesem Beitrag in einem doppelten Sinne verwendet: Erstens im Hinblick auf institutionelle Rahmenbedingungen (Organisationsformen, Entscheidungswege, rechtliche Strukturen), die sexualisierte Gewalt begünstigen oder deren Bearbeitung behindern; zweitens in Bezug auf kulturelle und kommunikative Muster innerhalb der evangelischen Kirche, die Wahrnehmungsblockaden erzeugen und Machtasymmetrien stabilisieren.

STRUKTURELLE BEDINGUNGEN VON MISSBRAUCH IN DER EKD: FORSCHUNG AM ANFANG

Die derzeitige Studienlage ist für den Bereich der systematischen, empirisch basierten Forschung zu strukturellen Bedingungen der Ermöglichung von sexualisierter Gewalt innerhalb der EKD bislang noch am Anfang (vgl. Kowalski 2018, S. 22 f.; UBSKM 2023). Gleichwohl würde eine umfassende Darstellung aller Studienergebnisse den Umfang dieses Beitrags sprengen. Es werden daher nur ausgewählte Studien einfließen, die auf die strukturellen Bedingungen verweisen.

Die Fallanalyse von Marlene Kowalski der Unabhängigen Kommission zur Aufarbeitung sexuellen Kindesmissbrauchs (2018) sowie die Studie von Bange et al. (2014) fokussierten auf „übergreifende, kollektive Strukturmuster des Missbrauchs" (Kowalski 2018, S. 5) sowie auf die Begünstigungsfaktoren und Wahrnehmungsblockaden von sexuellem Missbrauch (vgl. Bange et al. 2014). Zwar wird sexueller Missbrauch innerhalb der Kirche als „komplexes soziales Phänomen" (Kowalski 2018, S. 4) rekonstruiert, in das „ganz verschiedene Akteurinnen und Akteure auf unterschiedliche Weisen verwickelt waren" (Kowalski 2018, S. 4). Jedoch lassen sich auffällige strukturelle Bedingungen rekonstruieren, wie bspw. fehlende Kontrolle und Seilschaften, die sich vor allem in Form von Loyalitäten gegenüber dem Arbeitgeber Kirche äußerten und nicht in einer Verpflichtung gegenüber den Schutzbefohlenen (Kowalski 2018, S. 24).

SEXUELLER MISSBRAUCH IN DER KIRCHE IST KEIN EINZELFALL, SONDERN AUSDRUCK KOLLEKTIVER STRUKTURMUSTER.

FEHLENDE RECHTE FÜR BETROFFENE UND MITARBEITENDE ERSCHWEREN AUFARBEITUNG

In dem sozialwissenschaftlichen Teil einer Studie der Nordkirche, einer Gliedkirche der EKD, konnten Ursula Enders und Dirk Bange gestützt auf 33 Interviews und umfassenden Akten der Nordkirche zentrale Wahrnehmungsblockaden identifizieren. Sie folgerten bereits 2014, dass es bis 2010 „denkunmöglich“ war, dass Pastoren grenzverletzendes Verhalten verüben könnten (vgl. Bange et al. 2014, S. 226). Weitere Wahrnehmungsblockaden liegen ihnen zufolge in einem progressiven Selbstbild, einem idealisierten Menschenbild und der Bagatellisierung pastoraler Sexualität, welche die Thematisierung sexualisierter Gewalt in der EKD erschwerten (Bange et al. 2014, S. 149–163).

Neben zentralen Wahrnehmungsblockaden zeigen sich weitere strukturelle, systemische Probleme. Ein zentraler Punkt ist die eingeschränkte Möglichkeit der Betroffenen und Mitarbeitenden, bei festgestelltem Machtmissbrauch wirksam Rechte geltend zu machen und Gehör zu finden (vgl. Bange et al. 2014). Während in staatlich verfassten Institutionen Betriebsräte auf Grundlage des Betriebsverfassungsgesetzes (BetrVG) klare Beteiligungs-, Kontroll- und Interventionsrechte besitzen – flankiert durch ein durchsetzbares Streikrecht und gewerkschaftliche Unterstützung – ist in der EKD ein solches Schutzsystem strukturell nicht bzw. nur eingeschränkt vorhanden.

HARMONIEZWANG STATT KONTROLLE: WARUM DIE EKD UNABHÄNGIGE STRUKTUREN BRAUCHT

Die Kirchen haben in Deutschland eine verfassungsrechtlich gesicherte Sonderstellung (Art. 140 GG i. V. m. Art. 137 III WRV), die ihnen gewisse Autonomierechte für innerkirchliche Angelegenheiten einräumt. Im Rahmen dieser Autonomie hat die EKD zwar sogenannte Mitarbeitervertretungen (MAV) geschaffen, die Mitarbeitende im Konfliktfall unterstützen sollen, doch fehlt ihnen nicht nur eine rechtlich vergleichbare Durchsetzungskraft wie in den weltlichen Betriebsräten, sondern oftmals auch institutionelle Unabhängigkeit. Sie besitzen weder Initiativrechte im klassischen Sinn noch Sanktionsmöglichkeiten gegen kirchliche Arbeitgeber, weshalb Ver.di schon lange die Aufhebung dieser Sonderstellung fordert (vgl. Ver.di 2024; Klumpp/Kreß 2015; Kreß 2014). Zudem liegt vielen kirchenrechtlichen Strukturen im kirchlichen Arbeitsrecht die Idee einer einvernehmlichen Lösungsfindung im Sinne einer „Dienstgemeinschaft“ zugrunde – auch als „Dritter Weg“ bezeichnet. Der „Dritte Weg“ negiert zu einem großen Teil das Machtgefälle zwischen Dienstgebenden und Dienstnehmenden. Daraus ergibt sich ein gewisser ‚Harmoniezwang‘ (Kowalski 2018; Bange et al. 2014), der auch von den Forschenden der ForuM-Studie in der EKD betont wird, sowie eine verordnete ‚Geschwisterlichkeit‘, die im Kontext von

Erfahrungen mit Machtmissbrauch unangebracht ist (ForuM 2024, S. 785 f.). Dies trägt wesentlich zur Aufrechterhaltung institutionalisierter Beschwichtigungsstrategien bei, die im Kontext sexuellen Missbrauchs unzureichend sind und bei Betroffenen das Gefühl eines fehlenden Schuldeingeständnisses seitens der Institution verstärken (vgl. Kowalski 2018; Bange et al. 2014).

Trotz des intensiven Ausbaus flächendeckender Präventionsstellen und der Einführung von Fortbildungen und Schulungen zu sexualisierter Gewalt in der EKD (vgl. EKD 2024), mangelt es an struktureller, tiefgreifender Aufarbeitung sexuellen Missbrauchs in der EKD, aus der sich konkrete Reformnotwendigkeiten im Bereich der strukturellen Machtasymmetrien und Scheinpartizipation ableiten lassen. Die Präventionsstellen sind oftmals der Kirchenleitung über Stabstellen untergeordnet und damit nicht unabhängig genug, um wirksam gegen institutionelle Machtstrukturen vorzugehen. Darüber hinaus suggeriert der „Dritte Weg" Gleichrangigkeit zwischen Dienstgebern und Dienstnehmenden, verschleiert aber reale Machtverhältnisse. Solche harmonisierenden Narrative entziehen dem Machtmissbrauch die notwendige Benennbarkeit – eine Voraussetzung für dessen Bearbeitung. Die EKD muss dieses System grundsätzlich überdenken und unabhängige Strukturen schaffen, etwa durch externe Kontrollinstanzen mit klaren Eingriffsrechten (vgl. Bange et al. 2014, S. 237; Kowalski 2018).

DIE EKD MUSS IHRE SONDERSTELLUNG ÜBERDENKEN – AUFARBEITUNG BRAUCHT UNABHÄNGIGE STRUKTUREN.

Die EKD steht vor der Herausforderung, nicht nur Einzelfallgerechtigkeit herzustellen, sondern eine strukturelle Erneuerung einzuleiten, die sich der eigenen Systemverantwortung stellt. Ohne tiefgreifende strukturelle Reformen wie bspw. des „Dritten Weges" und der Rechte der Mitarbeitervertretung bleibt Aufarbeitung Stückwerk – und Prävention ohne Wirkung.

»DIE WUNDEN VERHEILTEN, DIE NARBEN BLIEBEN. DURCH PERMANENTE GRENZ-ÜBERSCHREITUNG VERLOR ICH DAS GEFÜHL, DASS MEIN KÖRPER DIE GRENZE ZU MEINEM SELBST WAR.«

Melanies Geschichte

FORSCHUNGSPROJEKT ZUR KRIMINALPRÄVENTION VON VERGEWALTIGUNG MIT TECHNISCHEN HILFEN

VON URS SCHNEIDER, JULIA WEGE UND KRISTINA MICHEL

ZAHLEN ZUR SEXUELLEN GEWALT IN DEUTSCHLAND – PROBLEMSTELLUNG

Nach Angaben des Bundeslagebild geschlechtsspezifischer Gewalt gegen Frauen von 2023 (Bundeskriminalamt 2024) wurden im Bereich der Sexualstraftaten 52.330 weibliche Opfer erfasst. Dies ist im Vergleich zu 2022 ein Anstieg von 6,2 Prozent. Die Sexualstraftaten stiegen seit 2019 um 27,7 Prozent. 98,9 Prozent der Vergewaltigungen, sexuellen Nötigungen und Übergriffen wurden von Männern begangen. Laut den aktuellen Zahlen des Bundeskriminalamts waren bei den Sexualstraftaten 86,7 Prozent der Opfer weiblich. Die Altersgruppe der 14–18-Jährigen sind am stärksten von sexueller Belästigung, Vergewaltigung und sexueller Nötigung und sexuellem Übergriff betroffen. In der Altersgruppe der 18–30-Jährigen handelte es sich überwiegend um sexuelle Belästigung. Bei den 30–60-Jährigen sind am häufigsten Opfer von Vergewaltigungen zu verzeichnen. 83,6 Prozent der Opfer im Bereich der Sexualstraftaten waren deutscher Herkunft. Im Deliktbereich der Vergewaltigung, sexuellen Nötigung und sexuellen Übergriffe waren es im Jahr 2023 insgesamt 9.065 deutsche Tatverdächtige und 5.367 nichtdeutsche Tatverdächtige. Die Altersstruktur der Tatverdächtigen in diesem Bereich liegt bei 18–40 Jahren (BKA 2024, S. 9 ff.). Insbesondere im Zusammenhang der Beziehungen zwischen Tätern und Opfern wird deutlich, dass sich diese je nach Straftat unterscheidet. Sexuelle Belästigungen werden eher durch Fremde ausgeübt, schwerwiegende sexuelle Straftaten wie Vergewaltigungen werden von Tätern im sozialen Umfeld des Opfers begangen. Das bedeutet, bei Vergewaltigungen sind es oft Bekannte, Freunde oder Familienangehörige.

NAHEZU ALLE VERGEWALTIGUNGEN WERDEN VON MÄNNERN BEGANGEN.

GEWALT WURZELT IN HIERARCHISCHEN STRUKTUREN UND UNGLEICHEN GESCHLECHTER-BEZIEHUNGEN.

Die Ursachen für Gewalt gegen Frauen in Partnerschaften und schwere sexuelle Gewalt liegen in den Ungleichheiten der Geschlechterbeziehungen und in hierarchischen Strukturen. Zu den Risikofaktoren zählen laut Forschungen Merkmale wie Altersgruppe, Bildungsniveau, Einkommen, Herkunftsland, Behinderung, soziale Isolation, Sucht, Schwangerschaft, Trennung und Scheidung, Machtverhältnisse in Beziehungen sowie gewaltbelastete Kindheitserfahrungen. Ein entscheidender Aspekt ist, dass erlebte Gewalt in der Kindheit, unabhängig, ob es sich um psychische, physische oder sexuelle Gewalt handelt, das Risiko deutlich erhöht, Erfahrungen von Viktimisierung im Erwachsenenalter zu machen. Hier besteht ein zwei- bis viermal häufigeres Risiko, im Erwachsenenalter erneut Opfer von sexueller Gewalt oder Partnerschaftsgewalt zu werden. Betroffene haben nur eingeschränkt die Möglichkeit, im späteren Erwachsenenleben sich gegenüber den Tätern zur Wehr zu setzen, sich abzugrenzen bzw. sich von gewalttätigen Beziehungen zu lösen. Bei Frauen mit Behinderungen oder chronischen Erkrankungen besteht laut Untersuchungen auch ein zwei- bis viermal häufigeres Risiko, insofern handelt es sich hier um besonders vulnerable Zielgruppen (Schröttle 2015, S. 192 ff.). Laut der Studie von Schröttle (2004, S. 160) zur Sicherheitslage von Frauen in Deutschland ist das Anzeigeverhalten nach sexueller Gewalt sehr gering: nur 8 Prozent der Frauen, die nach dem 16. Lebensjahr sexueller Gewalt ausgesetzt waren, haben dies zur Anzeige gebracht. Bei schwerer Gewalt waren es lediglich 2 Prozent. 40 Prozent der Betroffenen haben die Tat verschwiegen und sich niemandem anvertraut. Insofern geben die Zahlen zu den erfassten Straftaten aufgrund des geringen Anzeigenverhaltens nur ein verzerrtes Bild des Deliktbereichs wieder (Kretschmer et al. 2024, S. 114).

NUR 8 PROZENT DER FRAUEN NACH DEM 16. LEBENSJAHR BRINGEN SEXUELLE GEWALT ZUR ANZEIGE – BEI SCHWERER GEWALT SIND ES SOGAR NUR 2 PROZENT.

DIE WEIBLICHE VERLETZLICHKEIT UND DIE BEWEIS-SICHERUNG BEI VER-GEWALTIGUNGEN

Sexualisierte Gewalt gegenüber Frauen findet im öffentlichen Raum und privaten Umfeld (z. B. Privatwohnungen) statt, die Forschungsergebnisse verweisen in hohem Maße auf die Unsicherheit und Kriminalitätsfurcht von Frauen im öffentlichen Raum. Besonders nachts fühlen sich Frauen ohne Begleitung sehr unsicher oder bei der Nutzung von öffentlichen Verkehrsmitteln im Nahverkehr (Birkel et al. 2023, S. 135.), insofern werden bestimmte Orte von Frauen bewusst gemieden. Es ist bekannt, dass die Möglichkeit aus einer gefährlichen Vergewaltigungssituation entkommen zu können dann erhöht ist, wenn der Vergewaltiger irritiert bzw. gestört wird. Nach Angaben der Justizministerien Südafrikas und der USA zeigen 90 Prozent der Fälle von Vergewaltigungen, dass Frauen, die sich zur Wehr setzen, die Folgen ihrer Verletzungen geringfügig lindern oder besser bewältigen können. Darüber hinaus ist Männern im Allgemeinen auch bewusst, dass sie als überführte Sexualstraftäter schwer belangt werden. Um Täter primär abzuschrecken, während der Vergewaltigung durch Schmerz zu irritieren und zu überführen, forschen das Fraunhofer-Institut IPA Stuttgart und die Hochschule Ravensburg-Weingarten in diesem Feld. Im Mittelpunkt dieser Bestrebungen steht ein Produkt, einer den Vergewaltiger verletzenden, technischen Hilfe, welche nur im Angriffsfall wirkt.

Das bisherige Problem ist, dass die männliche Gefährlichkeit und die weibliche Verletzlichkeit sich gegenüberstehen. Die Frage lautet also, wie es gelingen kann, die physische männliche Verletzlichkeit und die physische weibliche Gefährlichkeit wirksam abschreckend zu erhöhen. Die nachfolgende Grafik zeigt auf der linken Seite das derzeit bestehende ungleiche Machtverhältnis, auf der rechten Seite die Vision, damit Frauen in Gewaltsituationen gegenüber Männern ein gleiches Machtverhältnis aufweisen.

DAS ZIEL: DIE MÄNNLICHE GEFÄHRLICHKEIT DURCH WEIBLICHE WEHRHAFTIGKEIT AUSGLEICHEN.

Bei sexuellen Übergriffen sind körperliche Verletzungen nicht immer nachweisbar und hinterlassen somit häufig keine sichtbaren physischen Beweise. Studien weisen darauf hin, dass Vergewaltigung weitgehend ein geplantes und vorsätzliches Verbrechen ist (Schafran o. D.). Laut Du Mont et al. (2003) liegt die Wahrscheinlichkeit bei körperlich verletzten Frauen 3,5-fach höher, dass sie die Vergewaltigung anzeigen. Polizei und Gerichte neigen tendenziell eher zu der Annahme, dass Vergewaltigungsanschuldigungen unwahr sind, wenn eine Frau nicht verletzt wurde. Physikalische Spuren geben weniger Möglichkeit zur Annahme, dass der Geschlechtsverkehr einvernehmlich war. Inzwischen bestehen Möglichkeiten, medizinisch-rechtliches Beweismaterial zu sichern und dies für eine Anklage zu verwenden. Laut einem globalen Review für die WHO von Du Mont et al. (2007) liegt allerdings aktuell wenig Evidenz vor, wie häufig das Beweismaterial für Anklagen Verwendung findet und welche direkten Auswirkungen es auf den Verlauf der Urteilsfindung hat. Die wenigen vorliegenden Studien sind in ihrer Aussagekraft begrenzt, weisen aber unter anderem auf folgende Ergebnisse hin: 10–71 Prozent der Frauen weisen keine allgemeinen körperlichen Verletzungen oder ano-genitale Traumata (33–91 Prozent) auf. Bei 41–99 Prozent wurden kein Sperma oder Semen bei der Untersuchung gefunden. Auch hier wird das Vorhandensein von physikalischen Verletzungen als stärkstes Argument für einen positiven Ausgang bei einer Urteilsfindung angesehen. Dieser Divergenz zwischen Untersuchungsergebnissen, tatsächlichen Anzeigeverhalten und Verurteilungen von Tätern erscheint auf eine enorme Forschungslücke hinzuweisen und ist insofern klärungsbedürftig.

VERGEWALTIGUNGEN HINTERLASSEN OFT KEINE SICHTBAREN SPUREN – UND BLEIBEN DENNOCH REALITÄT.

Abb. 1: Männliche Gefährlichkeit und weibliche Verletzlichkeit stehen sich gegenüber (Quelle: Schneider 2024)

DAS KONZEPT VON ANTIVERGEWALTI-GUNGS-PESSAREN

Die Statistiken und Forschungsergebnisse zur sexuellen Gewalt gegen Frauen verdeutlichen den dringenden Handlungsbedarf. Auch wenn im Koalitionsvertrag der Bundesregierung (2021–2025) festgelegt wurde, dass die Istanbul Konvention und Gewaltschutzstrategie im Kontext von geschlechtsspezifischer Gewalt vollständig umgesetzt und Maßnahmen zur Bekämpfung der völkerrechtlich schwerwiegenden Menschenrechtsverletzungen gegen Frauen ergriffen werden sollen (Kretschmer et al. 2024, S. 113), bedarf es jedoch weiterer wirkungsvoller Strategien. Rechtliche Regelungen, Kampagnen und Präventionsstrategien reichen bisher nicht aus, um die Gewalttaten gegenüber Frauen zu senken oder das Sicherheitsgefühl der Frauen maßgeblich zu stärken.

Aus diesen Gründen stellt sich die Frage, ob die Anwendung eines Antivergewaltigungs-Pessars einen positiven Einfluss nehmen könnte. Hierdurch können eindeutige DNA-Proben gesammelt werden und die Frau hat ein Beweismittel, auch wenn keine sonstigen körperlichen Verletzungen bei ihr vorliegen bzw. sichtbar sind. Dies könnte die Glaubwürdigkeit der Frau stärken und damit auch zu einer höheren Anzeige- sowie Verurteilungsquote führen. Ein entsprechendes Vaginal-Pessar gibt es bereits auf dem Markt unter dem Namen Rape-aXe © und wurde weltweit über 5.000-mal verkauft.

Abb. 2:
Produkt Rape-aXe
©, Südafrika

Wie sieht nun der Schutz der Frau aus, wenn eine Frau ein Vaginal Pessar nutzt? Es hat für die Frau einen ungefährlichen nach innen gerichteten Dornen und Widerhaken. Mit einer Einführhilfe kann es wie ein Tampon eingeführt werden. Es ist schleimhautverträglich, mehrstündig tragbar, aus medizinisch etablierten, körperverträglichen Kunststoffen. Es ist formstabil, aber mit sehr dünn auslaufendem Rand konzipiert, sodass nur im entspannten Zustand das Pessar leicht mit einer Ein-/Ausführhilfe entfernbar ist.

Was bedeutet es für den Täter? Ein Vaginal-Pessar bleibt bei einer Penetration mit dem Penis auf dem Penis stecken und verursacht Schmerzen. Möchte der Täter das Pessar eigenständig entfernen, kann es zu einer Fingerverletzung führen. Das Pessar ist vom Penis nur von medizinischem Fachpersonal entfernbar und hinterlässt keine bleibenden Schäden. Der Vorteil ist, dass der Vergewaltiger identifiziert und Beweise für einen DNA-Abgleich gesichert werden können. Es wird davon ausgegangen, dass beim Täter ohne Drogeneinfluss starke Schmerzen entstehen und dies zu einer Irritation führt. Unter Drogeneinfluss wird der Täter vermutlich geringere Schmerzen haben, aber eine verlangsamte Reflex- bzw. Reaktionskompetenz zeigen. Beide Ausgangsbedingungen sollte die Betroffene in der Situation stärken. Das Pessar verletzt nur bei nicht-einverständlichem, sexuell bestimmtem vaginalen Eindringen mit einem Penis.

DAS FORSCHUNGS-VORHABEN

Aufgrund der geschilderten Problematik hat Urs Schneider vom Fraunhofer IPA die Idee zum Forschungsprojekt entwickelt, wie technische Lösungen Männer abschrecken und die Rate von Vergewaltigungen für bestimmte weibliche Opfergruppen gesenkt werden können. Das Thema ist komplex und kann in Bezug auf Gewalt deeskalierend sein und somit besteht ggf. ein Schutzpotential für bestimmte Zielgruppen und Situationen. Aus diesem Grund gibt es Strategien für eine wissenschaftliche Bearbeitung des Themas in enger Kooperation mit Expert*innen aus den Bereichen Medizin und Kriminologie. Es ist geplant umfassende Studien durchzuführen, um das Sicherheitsempfinden von Frauen zu erfassen, den Einsatz von technischen Hilfen als Schutzmaßnahme vor Vergewaltigungen zu erforschen und durch Empowerment und Partizipation die individuelle Selbstbestimmung und Sicherheit von Frauen zu stärken. In dieser besonderen Forschungskooperation arbeiten das Fraunhofer IPA im Bereich Gesundheitstechnologien in Stuttgart und die Hochschule Ravensburg-Weingarten, Fakultät für Soziale Arbeit, Gesundheit und Pflege zusammen. Ziel des Forschungsvorhabens ist es, die Reaktionen und Akzeptanz bei jungen Frauen und Männern in Ausbildung bzw. Studium in Bezug auf das Produkt in unterschiedlichen Sozialräumen wie einer Großstadt, Mittelstadt sowie im ländlichen Raum zu erfassen. Es soll eine Risikobetrachtung zu möglicher Gewalteskalation durchgeführt werden und eine juristische Einschätzung zu Verletzungsmechanismen bzw. Grenzen der Selbstverteidigung ausgelotet werden. Besondere vulnerable Zielgruppen sollen in diesem Zusammenhang identifiziert werden. Zusätzlich soll untersucht werden, ob eine Abschreckungskampagne Sinn machen würde bzw. welches Marketingkonzept zielführend wäre, wenn ein solches Produkt auf dem Markt stärker beworben wird. Es handelt sich um eine empirische Befragungsstudie einer Risikogruppe junger Frauen in Ausbildung bzw. Studium in der Altersgruppe 18-25 Jahre. Befragungen im Rahmen von Online-Fragebögen nach den Richtlinien der Datenschutz-Grundverordnung (DSGVO) und umfangreiche Workshops mit Expert*innen, Auszubildenden und Studierenden sind für das Forschungsvorhaben vorgesehen.

PRÄVENTION HEISST AUCH: MUTIGE INNOVATIONEN UND INTERDISZIPLINÄRE ZUSAMMENARBEIT.

SEXUALISIERTE GEWALT – POPSONGS ALS HILFE ZUR BEWÄLTIGUNG

VON DIRK BANGE

POPMUSIK ALS RESONANZRAUM FÜR BETROFFENE SEXUALISIERTER GEWALT

Musiktherapie kann eine wichtige Rolle bei der Verarbeitung sexualisierter Gewalt spielen, da sie es Betroffenen ermöglicht, Emotionen und Erinnerungen nonverbal auszudrücken. Obwohl bisher nur wenige Studien zu ihrer Wirkung bei der Behandlung der Folgen sexualisierter Gewalt vorliegen, kann dies als gesichert gelten (Suzuki et al. 2023; Strehlow 2020, S. 50). Sie kann es Betroffenen erleichtern, überhaupt über die sexualisierte Gewalt zu sprechen oder z.B. Schamgefühle auszudrücken (ebd., S. 53; Strehlow 2012). Im folgenden Text geht es um die Wirkung des Hörens von Popsongs, in denen – insbesondere auch von selbst betroffenen Musiker*innen – über sexualisierte Gewalt an Kindern gesungen wird. Spiegeln sich in den Songs die Erfahrungen Betroffener wider, finden viele von ihnen Trost und Stärke durch ihr Anhören. In der Entwicklung der modernen Pop- und Rockmusik gibt es im Übrigen viele Lieder, die sich mit individuellen traumatischen Ereignissen auseinandersetzen (Wölfl 2020, S. 12).

MUSIK ERÖFFNET RÄUME, IN DENEN BETROFFENE GEFÜHLE AUSDRÜCKEN KÖNNEN, WENN WORTE FEHLEN.

Inspiriert zu diesem Beitrag hat mich letztlich ein Auftritt der Hamburger Sängerin Katha Rosa beim Kinoevent der Unabhängigen Beauftragten für Fragen des sexuellen Kindesmissbrauchs am 17.11.2023 zur Kampagne „Schieb Deine Verantwortung nicht weg“ und der mit ihr aufgenommene Podcast in der Reihe „einbiszwei“ über sexuelle Gewalt (Unabhängige Beauftragte gegen den sexuellen Missbrauch von Kindern und Jugendlichen 2022). In ihrem Song „Nein (Du kannst mir nicht weh tun)“ singt sie über die ihr durch ihren Stiefvater widerfahrene sexualisierte Gewalt. Ein weiterer Anstoß war der Auftritt der Popsängerin Lotte bei der Musikshow „Sing meinen Song“, bei der sie über die ihr widerfahrene sexualisierte Gewalt gesprochen hat, nachdem sie ihren Vortrag des Songs „So wie ich“ abbrechen musste. Seit der Veröffentlichung des Songs „Silent all these years“ von Tori Amos im Jahr 1992 denke ich über die Bedeutung solcher Popsongs nach. In dem Song von Tori Amos wird sexualisierte Gewalt zwar nicht direkt besungen. Es geht vielmehr um die Erfahrung von Sprachlosigkeit und Isolation, die durch eine traumatische Erfahrung entstehen kann. Von Betroffenen sexualisierter Gewalt wird der Song aber sehr positiv bewertet, da er die ihnen bekannten Gefühle der Entfremdung und des Nicht-Verstanden-Werdens treffend ausdrückt.

Welche Reaktionen solche Lieder auslösen können, zeigen z. B. die Kommentare unter bei YouTube veröffentlichten entsprechenden Musikvideos. Einige Beispiele zu den drei Songs „Nein (Du kannst mir nicht weh tun)“, „So wie ich“ und „Cannibal“ von Marcus Mumford sollen das illustrieren:

»ICH HABE SOWAS ALS KIND LEIDER AUCH ERLEBT, ICH KANN DAS LIED ZU 100 PROZENT FÜHLEN UND BEKOMME AM GANZEN KÖRPER GÄNSEHAUT UND MIR LAUFEN DIE TRÄNEN ÜBERS GESICHT. DANKE FÜR DIESES LIED!«

»HEUTE ZUFÄLLIG DAS LIED ENTDECKT. HAT MICH TIEF BERÜHRT UND GETROFFEN. HABE ÄHNLICHES ALS KIND SELBST ERLEBT UND HABE BIS HEUTE IMMER DARÜBER GESCHWIEGEN, WAS MICH PSYCHISCH KRANK GEMACHT HAT. ICH KÄMPFE HEUTE MIT 55 JEDEN TAG NICHT AUFZUGEBEN. ABER LEIDER SIEHT NIEMAND DIESE KÄMPFE UND DIE FOLGEN DESSEN WAS ANDERE EINEM ANGETAN HABEN.«

Diese beiden exemplarisch ausgewählten Kommentare zu Katha Rosas Lied zeigen, wie viel solche Songs auslösen können, weil sie Sprachlosigkeit auflösen, Betroffenen eine Stimme geben, Mut machen und die Isolation überwinden helfen. Sie tragen dazu bei, Verständnis und Respekt für die Betroffenen zu schaffen und zeigen ihnen: Ich bin nicht allein und man kann das Trauma überwinden. Die zwei folgenden Kommentare zu Lottes Lied unterstreichen dies noch einmal eindrücklich:

»DIESER SONG ZEIGT MIR, DASS ICH DAMIT NICHT ALLEINE BIN. DANKE! ALS BETROFFENE SENDE ICH GANZ VIEL KRAFT AN JEDEN DA DRAUSSEN, DER OPFER SOLCH EINER FURCHTBAREN TAT GEWORDEN IST! IHR SEID ALLE STARK, VIEL STÄRKER ALS IHR GLAUBT!«

»2022 UND MIR FEHLT BIS HEUTE DER MUT RICHTIG DRÜBER ZU REDEN. HABE HEUTE NOCH ANGST GENAUSO VERURTEILT ZU WERDEN OPFER ZU SEIN. DANKE DAS DU UNS LAUT MACHST! DANKE DAS DU STARK BIST FÜR DIE DIE ES NICHT SIND. DANKE.«

Im Jahr 2022 hat Marcus Mumford, der Sänger der Band Mumford & Sons, auf seinem ersten Soloalbum mit dem Song „Cannibal" ein Lied über die ihm im Alter von 6 Jahren widerfahrene sexualisierte Gewalt veröffentlicht. Er ist einer der wenigen Musiker, die einen solchen Song veröffentlicht haben. Wie wichtig dies für betroffene Jungen und Männer ist, zeigen die beiden folgenden Kommentare:

»MEIN VATER, EIN PASTOR, HAT MICH BIS ZU MEINEM 15. LEBENSJAHR MISSBRAUCHT. DIESES LIED BERÜHRT MICH SO TIEF ... ICH BIN JETZT 32 UND DIE FOLGEN SEINER VERGEWALTIGUNG ZERSTÖREN MEINE SEELE IMMER NOCH TAG FÜR TAG. MANCHMAL FÜHLE ICH MICH HOFFNUNGSLOS UND BIN EINFACH NUR BEREIT, DASS ALLES VORBEI IST.«

»ICH HABE DAS WIRKLICH TIEF IN MEINEN KNOCHEN GESPÜRT. ES WAR DAS SCHWERSTE, WAS ICH JE LAUT SAGEN MUSSTE. ICH HABE 23 JAHRE GEWARTET UND WÜNSCHTE, ICH HÄTTE DIE KRAFT GEHABT, ES FRÜHER LAUT AUSZUSPRECHEN, DENN GETEILTES LEID IST EHRLICH GESAGT HALBES LEID. ICH WÜNSCHE DIR ALLES GUTE AUF DEINEM WEG, ES WIRD NICHT LEICHT, ABER ES WIRD BESSER.«

In Interviews und im Podcast berichtet Katha Rosa darüber, dass sie ihren Stiefvater angezeigt hat und wie schwer das Gerichtsverfahren für sie gewesen ist. Auch damit spricht sie vielen Betroffenen aus der Seele. Im Podcast formuliert sie das bezüglich der Polizei und des Richters so:

»JA, MEINE MUTTER HAT GESAGT: „KOMM, WIR GEHEN JETZT ZUR POLIZEI." UND ICH HABE DAS GEMEINSAM MIT MEINER ZWILLINGSSCHWESTER GEMACHT. UND DAS WAR AUCH GANZ, GANZ SCHLIMM. DAS HABE ICH SO IN ERINNERUNG, DASS DIE, DASS DAS EINE POLIZISTIN WAR, DIE UNS VERNOMMEN HAT, ALSO EINZELN. UND DIE WAR EXTREM UNGEDULDIG UND TOTAL GENERVT VON MIR, WEIL ICH ULTRA LANGE GEBRAUCHT HABE, UM DIE DINGE AUSZUSPRECHEN UND ZU BENENNEN, WAS ER GEMACHT HAT. WEIL ICH HABE DAS NOCH NIE JEMANDEM ERZÄHLT UND ICH HABE MICH JA JAHRELANG DAFÜR GESCHÄMT. UND AUF EINMAL SOLLTE ICH ALLES GANZ DETAILLIERT RAUSHAUEN UND DAS WAR SO KRASS UND ICH HABE ULTRA LANGE DAFÜR GEBRAUCHT, FÜR JEDES EINZELNE WORT.«

»UND DAS, WAS ICH AUCH GANZ SCHLIMM IN ERINNERUNG HABE, WAR DER RICHTER, WEIL DIESER MISSBRAUCH IST JA NICHT NUR EINMAL PASSIERT ODER ZWEIMAL, SONDERN JEDEN TAG MEHRMALS SO. UND DANN HABE ICH VON SITUATIONEN ERZÄHLT. UND SPÄTER DANN NOCH EINE ANDERE SITUATION ERZÄHLT UND ER HAT DANN ANGEFANGEN ZU LACHEN UND MEINTE: ‚ABER EBEN HAST DU NOCH DAS UND DAS GESAGT UND JETZT SAGST DU DAS UND DAS.' UND HAT MICH DANN SO ALS LÜGNERIN DARGESTELLT ... UND DAS FAND ICH AUCH GANZ, GANZ SCHLIMM, ALS KIND DAZUSITZEN ODER ALS TEENIE UND DANN DAS ZU ERZÄHLEN, DAS ÜBERHAUPT ZU ERZÄHLEN VOR SO VIELEN LEUTEN, DIE DA IM GERICHTSSAAL SITZEN UND DANN AUCH NOCH SO DETAILLIERT DARÜBER ZU SPRECHEN UND DANN AUSGELACHT ZU WERDEN, DAS WAR SEHR HART.«

Lotte berichtet darüber, dass ihr Frauen erzählt haben, noch am selben Abend nach der Show Anzeige erstattet oder sich einen Therapieplatz gesucht zu haben. Sie möchte mit ihrem Lied deutlich machen, dass „das noch immer ein sehr schambehaftetes Thema ist. ‚Man' spricht das nicht an. Ich kann hier ein Sprachrohr für ganz viele Menschen sein, die nicht die Stimme oder den Mut haben, darüber offen zu sprechen." Dies ist ihr gelungen.

Welche Bedeutung solche Lieder für Betroffene haben können, soll ein kurzer Kommentar bei YouTube unter dem Video zu Tori Amos „Silent all these years" noch einmal deutlich machen:

»TORI HAT MICH VOR DEM SELBSTMORD GERETTET. DAS WERDE ICH NIE VERGESSEN.«

Einige weitere bekannte Popkünstlerinnen singen in ihren Liedern über den ihnen selbst widerfahrenen sexuellen Missbrauch. So beschäftigt sich z. B. auch „Sullen Girl" von Fiona Apple mit den Folgen der ihr im Alter von zwölf Jahren widerfahrenen sexualisierten Gewalt. Erst später berichtet sie darüber, dass ihr Album eine Art „Selbstmedikation" war. Auch Katha Rosa schätzt die Musik für sich im Podcast als hilfreich ein. Die Reaktionen auf ihr Lied bewertet sie einerseits sehr positiv, andererseits aber auch als belastend:

»ES WAR IRGENDWIE TOTAL SCHÖN, DASS MAN NICHT MEHR SO ALLEINE IST, ABER AUCH GLEICHZEITIG SEHR SCHRECKLICH, DASS ES DA SO VIELE GIBT, DIE DASSELBE DURCHGEMACHT HABEN. UND DAS WAR MIR IRGENDWIE NIE SO BEWUSST, DASS DAS, JA, IN SO VIELEN LEUTEN SCHLUMMERT, ALSO DIESES GEHEIMNIS. ALSO VIELE HABEN DAS FÜR SICH BEHALTEN, GANZ LANGE. UND ALS SIE DANN DAS LIED GEHÖRT HABEN, ALSO HABEN MIR WIRKLICH SEHR VIELE MENSCHEN GESCHRIEBEN, DASS SIE DAS JETZT ZUM ERSTEN MAL ERZÄHLEN. UND ICH FÜHLTE MICH DANN AUCH SEHR GEEHRT, DASS DIE LEUTE MIR DAS, DASS SIE MIR DAS ERZÄHLEN. ABER IRGENDWIE WAR ES AUCH EINE KRASSE VERANTWORTUNG, WEIL ES HABEN HALT SEHR, SEHR VIELE GESCHRIEBEN … DESHALB SASS ICH NÄCHTELANG VOR INSTA UND HABE VERSUCHT, JEDEM ZU ANTWORTEN UND SO, ABER IRGENDWANN HAT DAS AUCH NICHT MEHR GEKLAPPT UND ES WAR AUCH NICHT SO GUT ALLES ZU LESEN, WEIL DA WAREN TEILWEISE ECHT RICHTIG SCHLIMME GESCHICHTEN DABEI.«

WENN BETROFFENE IHRE ERFAHRUNGEN TEILEN, SCHENKEN SIE ANDEREN MUT.

Sie ist dann aus Selbstschutz dazu übergegangen, die Betroffenen aufzufordern, sich bitte auch professionelle Hilfe zu holen und sich nicht nur ihr anzuvertrauen. Wichtig ist ihr und den anderen Künstler*innen, dass sie nicht auf die ihnen widerfahrene sexualisierte Gewalt reduziert werden.

MUSIK ALS MUTMACHER: WENN BETROFFENE IHRE STIMME ERHEBEN

Neben Künstler*innen, die selbst sexuell missbraucht wurden, haben auch viele andere Musiker*innen Songs gegen sexualisierte Gewalt aufgenommen, um auf das Unrecht und die Folgen für die Kinder hinzuweisen. So haben sich prominente Bands wie die Toten Hosen mit „Böser Wolf", Herbert Grönemeyer mit „Sie" oder Popgrößen wie Lady Gaga mit „Till it happens to you" sich des Themas angenommen. Diese Liste ist bei Weitem nicht abschließend.

Es gibt darüber hinaus auch Musiker*innen, die keine entsprechenden Songs geschrieben haben, die aber über die ihnen widerfahrene sexualisierte Gewalt gesprochen haben, um anderen Betroffenen Mut zu machen. Zu ihnen gehörten z. B. Carlos Santana, Chester Bennington, Beth Dito, Queen Latifah und Mary J. Blige.

Ein Song soll abschließend quasi als Fazit noch erwähnt werden. Alina und Tim beschreiben in ihrem Song „Nie wieder leise" die Geschichte eines Menschen, der lange Zeit aus Angst und Scham schweigt, die erlebte Gewalt und den Schmerz in sich hineinfrisst und sich ohnmächtig fühlt. Die Unsicherheit und die ständige Angst, dass ihr/ihm nicht geglaubt wird, verhindern sich Hilfe zu suchen oder die Wahrheit auszusprechen. Der Titel „Nie wieder leise!" symbolisiert den befreienden Moment, in dem der/die Betroffene beschließt, die Angst zu überwinden und sich Gehör zu verschaffen. Der Song soll Menschen ermutigen, die Ähnliches erlebt haben, ihre Stimme zu erheben. Wie wichtig dies auch im Jahr 2025 noch ist, belegt folgendes Ergebnis einer aktuellen Untersuchung: Bei einer Befragung von 3.012 für Deutschland repräsentativen Personen hatten von den Betroffenen 37,4 Prozent bisher niemandem von der ihnen widerfahrenen sexualisierten Gewalt erzählt (Dreßing et al. 2025, S. 290).

KUNST MACHT SICHTBAR, WAS WORTE ALLEIN OFT NICHT KÖNNEN

All das zeigt die Wirkung von Musik bei der Vermittlung von Botschaften. Sie unterstreicht die Aussagen des Textes und transportiert sie bis tief in die Bereiche emotionaler Reaktionen. Aussagen wie „Das hat mich tief berührt“ oder „Das geht mitten ins Herz“ belegen das. Musik ist eine universelle Sprache und schafft Verbindungen zwischen Nicht-Betroffenen und Betroffenen.

Nicht zu vergessen: Durch die emotionale Eindringlichkeit von Text und Musik in Kombination wird Sprachlosigkeit überwunden und den Betroffenen eine weithin vernehmbare Stimme gegeben. Sie fassen Mut, ihre Geschichte mitzuteilen und „laut“ zu werden. Das hätte ein Text allein ohne die emotionale Wirkung der Musik nicht bewirken können (Wölfl/Siebert 2020).

Es wäre schön, wenn viele Betroffene durch die erwähnten und andere Lieder erfahren, dass sie nicht allein sind, sie keinerlei Verantwortung oder Schuld an der ihnen widerfahrenen sexualisierten Gewalt haben, sie sich nicht schämen müssen und es Wege zur Heilung gibt.

Mehr Aufmerksamkeit, Verständnis und Akzeptanz bei Nicht-Betroffenen wären ebenso wünschenswert. Hierzu kann die musikalisch-künstlerische Befassung mit den Erlebnissen sexuellen Missbrauchs sicher einen wichtigen Beitrag leisten. In den letzten Jahren haben mit dieser Intention auch Schauspieler*innen die ihnen widerfahrene sexualisierte Gewalt öffentlich gemacht. Die französische Schauspielerin Emmanuelle Béart, der „Disney-Star“ Bella Thorne, die deutsche Schauspielerin Mimi Fiedler oder der Serienstar John Stamos sind nur einige von vielen.

MUSIK SPRICHT EINE UNIVERSELLE SPRACHE – SIE BERÜHRT UND VERBINDET BETROFFENE UND NICHT-BETROFFENE.

BEZIEHUNG „SCHAFFEN“ MIT SEXUELL MISS-BRAUCHTEN KINDERN UND JUGENDLICHEN – ANREGUNGEN AUS ERFAHRUNGSWISSEN UND WISSENSCHAFT

VON ANGELA MARQUARDT UND SILKE BIRGITTA GAHLEITNER

Angela Marquardt arbeitet seit 2020 ehrenamtlich im Betroffenenrat, einem Beratungsgremium der Unabhängigen Beauftragten für die Fragen sexuellen Kindesmissbrauchs. Die Mitglieder tragen die Anliegen der Betroffenen in den politischen Diskurs und in die Öffentlichkeit. Silke Birgitta Gahleitner ist seit vielen Jahren in der Forschung zu sexualisierter Gewalt tätig und arbeitet in der Unabhängigen Kommission des Bundes zur Aufarbeitung sexualisierter Gewalt. In einem Interview mit Julia Wege tragen sie aus verschiedenen Perspektiven zusammen, was hilfreich ist, um mit Kindern und Jugendlichen nach sexualisierten Gewalterfahrungen eine tragfähige Beziehung aufzubauen.

JULIA WEGE: Beziehung „schaffen", das klingt nach einem Kraftakt. Was macht es denn so schwierig, mit Kindern und Jugendlichen nach sexualisierten Gewalterfahrungen Beziehungen aufzubauen?

ANGELA MARQUARDT: Die meisten Fachkräfte beschäftigen sich mit uns Betroffenen von sexualisierter Gewalt durch die Brille einer pathologisierenden Sichtweise, weil wir mit unseren Erfahrungen und deren Auswirkungen im Leben von gesetzten Normen abweichen. Sexualisierte Gewalt an Kindern und Jugendlichen jedoch ist Alltag. Sexualisierte Gewalt war neben psychischer und physischer Gewalt auch mein Alltag als Kind und Jugendliche in der DDR. Die individuellen Gewalterfahrungen sowie die Wege danach sind vielfältig. Keine dieser Geschichten findet sich in einem Psychopathologiebuch. Dass ich heute dort stehe, wo ich stehe, ist nicht selbstverständlich. Mein Weg hat eine lange – sehr individuelle – Geschichte und seinen Ausgangspunkt darin, durch den Kontakt zu einer Sozialarbeiterin Vertrauen gefunden zu haben.

»DAS ICH HEUTE DORT STEHE, WO ICH STEHE, IST NICHT SELBSTVERSTÄNDLICH.«

SILKE GAHLEITNER: Tatsächlich führt die Erschütterung über schwerwiegende traumatische Verletzungen häufig zu einer Zentrierung auf pathologische Aspekte. Allein auf Symptomatik zu zentrieren, fixiert Betroffene jedoch in einem Opferstatus und führt häufig auf einen Irrweg. Übersehen wird dabei, dass viele Kinder, Jugendliche und Erwachsene mit diesem Gepäck ihr Leben meistern bzw. meistern müssen. Und es ist tatsächlich Realität, dass Betroffene sich in der Regel auf bestehende Angebote einstellen müssen, die häufig gar nicht auf ihre Bedarfe antworten. Standardisierte pathologisierende Diagnosen und Therapierichtlinien gehen aber nicht selten an den Bedarfen der Betroffenen vorbei. Es braucht daher eine verbindliche dialogische Ausrichtung von Beratungs- und Begleitungsangeboten. Nur im Dialog können gemeinsam Lösungsmöglichkeiten entwickelt werden.

JULIA WEGE: Wie muss ich mir denn das ganz konkret vorstellen?

ANGELA MARQUARDT: Wahrscheinlich kann ich das am besten an meinen Erfahrungen erläutern. Lange nach Beendigung der sexualisierten Gewalt, jedoch zu einer Zeit, als ich nach dem Mauerfall noch nicht über das Erlebte sprechen konnte, aber, sagen wir, durchaus auffällig war, lernte ich Katharina kennen. Sie arbeitete im weitesten Sinne in der Jugendhilfe meiner Heimatstadt und erkannte, dass irgendetwas bei mir nicht in Ordnung war. Ich ging schließlich immer regelmäßiger zu ihr, und wir redeten über scheinbar Belangloses. An manchen Tagen saß ich einfach nur da und schwieg. Absichtlich nenne ich es „scheinbar Belangloses". Natürlich versuchte sie, mir einen Raum zum Sprechen zu geben. Sie wollte, dass ich rede, über mich und die Dinge, die mich belasten. Ich aber war noch nicht so weit, und eines Tages sagte sie: „Ich kann dir offensichtlich doch nicht helfen, vielleicht ist es besser, wenn wir mit den Treffen aufhören". Ich weiß noch wie heute, dass ich sie mit großen Augen ansah und erwiderte: „Warum gehen Sie davon aus, dass Sie mir nicht helfen? Wenn es mir nicht helfen würde, würde ich doch gar nicht mehr kommen und hier sitzen". Verwundert entgegnete sie wiederum, dass ich eigentlich recht hätte, denn nur ich könne ja beurteilen, ob mir unsere Treffen helfen. Ich durfte weiter zu ihr kommen, egal wie gesprächig ich war. Natürlich hatten wir kein therapeutisches Verhältnis. Sie gab mir einfach einen sicheren Raum, den ich dankbar annahm und in dem ich Schritt für Schritt lernte, wieder zu vertrauen: ein Vertrauen, das es nur in diesen Momenten in diesem Raum gab.

»EIN VERTRAUEN, DAS ES NUR IN DIESEM MOMENTEN IN DIESEM RAUM GAB.«

SILKE GAHLEITNER: Ich finde diese Erfahrung sehr lehrreich für uns Professionelle. Auch aus wissenschaftlicher Sicht wissen wir, dass Gewalthandlungen im sozialen Nahraum einen Vertrauensverlust bedingen – in sich selbst, in andere und in die Gesellschaft. Das allzu häufig entgegengebrachte Unverständnis und die Ausgrenzung bei Versuchen, sich damit anderen Menschen zu öffnen, führen zu tiefen Verlassenheitsgefühlen. Menschen mit diesen Erfahrungen sind daher auf Mitmenschen angewiesen, die ihre Geschichten als Zuhörende bezeugen und dableiben und die Glaubwürdigkeit wiederherstellen, so wie Katharina. Dann kann eine neue und andere Situation entstehen. Soziale Arbeit ist mit ihrem komplexen Interventionsrepertoire hier m. E. in der Pflicht, sinnvolle Unterstützungsangebote bereitzustellen. Die Gesellschaft – und damit auch häufig das eigene Umfeld von Betroffenen – macht ihnen das Öffnen und Sprechen und damit auch eine Bearbeitung der traumatischen Erfahrungen sehr schwer. Der Weg hinein in Möglichkeiten, mit den Erfahrungen an andere Menschen heranzutreten und Solidarität zu erfahren, ist häufig weit.

SOZIALE ARBEIT STEHT IN DER PFLICHT, RÄUME FÜR VERTRAUEN UND SOLIDARITÄT ZU SCHAFFEN.

JULIA WEGE: Was ist Eure Empfehlung an Betroffene und an Fachkräfte?

ANGELA MARQUARDT: Meine Message an Betroffene wie auch Fachkräfte ist, dass nur in Solidarität die längst überfällige gesamtgesellschaftliche Verantwortungsübernahme für Gewalthandlungen hergestellt werden und damit auch die Bewältigung solcher Erfahrungen besser gelingen kann. Katharina bleibt bis heute meine erste und damit wichtigste Erfahrung, dass ich noch vertrauen darf. Sie hat mich genommen, wie ich bin, hat mir und an mich geglaubt und zugehört. Nach vielen Monaten hatte ich mich ihr ein ganz kleines bisschen geöffnet, und sie hatte verstanden, dass nur ich in diesem Raum definieren kann, was mir hilft und guttut. Das verdeutlicht, finde ich, dass die Partizipation von Betroffenen gerade für die Entwicklung von bedarfsgerechten sowie alltagstauglichen Versorgungskonzepten absolut unabdingbar ist. In diesem Kontext ist es mir zudem ein besonderes Anliegen, dass auch und gerade in der therapeutischen Versorgung und der Beratung mitgedacht wird, dass Solidaritätsprozesse und das gesellschaftliche Engagement von Betroffenen in eigener Sache am Ende auch ein wichtiger Bestandteil therapeutischer oder beraterischer Prozesse sein können und müssen, wenn Betroffene dies integrieren möchten. Und dass sich Bewältigungswege öffnen, wenn das Umfeld und die Gesellschaft bereit sind, bestehende Gewaltverhältnisse zu erkennen, aufzuarbeiten und Betroffenen Wege zum Sprechen zu eröffnen.

SILKE GAHLEITNER: Aus den Erfahrungen von Angela Marquardt und vielen anderen Interviewten unserer Forschungsprojekte lässt sich schlussfolgern, dass in einer Gesellschaft, die es Betroffenen nach wie vor nicht leicht macht, sich zu öffnen, der wichtigste Schutzfaktor „schützende Inselerfahrungen“ darstellen. Gerade bei Menschen mit Gewalterfahrungen im sozialen Nahraum sind Fachkräfte (der Sozialen Arbeit) daher besonders explizit dafür zuständig. Dazu braucht es vertrauensvolle, emotional tragfähige, von Nähe geprägte und dennoch reflexiv und fachlich durchdrungene Beziehungsgestaltung, die sich bis in konstruktive Netzwerke und das gesellschaftliche Feld hinein erstreckt. Betroffene benötigen Alternativerfahrungen zu früheren negativen Erfahrungen. Man spricht auch von „korrigierenden emotionalen Erfahrungen“. Ich habe daher aus vielen Interviews mit Betroffenen ein Modell erarbeitet. Aber danach zu arbeiten kann nur gelingen, wenn Fachkräfte sich als Angehörige einer Beziehungsprofession verstehen und sich innerhalb der zugehörigen Wissens- und Kompetenzbestände selbstbewusst bewegen, aber vor allem bereit sind, die Dinge aus den Augen der Betroffenen zu sehen. Auf Basis dieses verstehensorientierten Zugangs kann zunächst erstes Vertrauen ermöglicht werden. Behutsam kann darauf aufbauend eine schützende Inselerfahrung bereitgestellt werden. Über die Integration in zunehmend tragende Netzwerke wird ein soziales und professionelles Umgebungsmilieu aufgebaut, das zu einer zukunftsstabilen Basis für das weitere Leben und eben auch politischen Beteiligungsprozessen führen kann. Letztlich geht es also um die Herstellung eines sozial unterstützenden „Milieus“ – und das betrifft die gesamte Gesellschaft.

NUR WER BEREIT IST, DIE DINGE MIT DEN AUGEN DER BETROFFENEN ZU SEHEN, KANN HEILSAME BEZIEHUNGEN GESTALTEN.

»ES GEHT ALSO UM DIE LÄNGST ÜBERFÄLLIGE GESAMTGESELLSCHAFTLICHE MITVERANTWORTUNG FÜR SEXUALISIERTE GEWALT, WANN UND WO AUCH IMMER SIE STATTGEFUNDEN HAT.«

ANGELA MARQUARDT: Ja, ich denke, das ist wichtig, denn meine individuellen Gewalterfahrungen waren zugleich Ausdruck gesellschaftlicher Verhältnisse. Das hatte nicht nur mit den Gegebenheiten in der DDR zu tun, aber auch. Vor allem jedoch bin ich fest davon überzeugt, dass individuelle Gewalterfahrungen immer im Kontext gesellschaftlicher Verhältnisse betrachtet und aufgearbeitet werden müssen. Bis heute sind es Betroffene, die mit dem Sprechen über ihre Erfahrungen beispielsweise Täter*innenstrukturen und Bedingungen nachvollziehbar machen. Betroffene übernehmen damit oft allein die Verantwortung, denn häufig bleibt es bei der Betroffenheit der Zuhörenden stehen. Und Zuhören oder Nachlesen allein bedeutet noch lange keine Verantwortungsübernahme. Es geht also um die längst überfällige gesamtgesellschaftliche Mitverantwortung für sexualisierte Gewalt, wann und wo auch immer sie stattgefunden hat.

KINDERSCHUTZ ALS GESAMT-GESELLSCHAFTLICHE AUFGABE

VON ANNE EBERSTEIN UND ASTRID HELLING-BAKKI

»FÜRSORGE ERFORDERT, DASS MAN VOM STANDPUNKT DER PERSON AUSGEHT, DIE PFLEGE ODER AUFMERKSAMKEIT BENÖTIGT. SIE ERFORDERT, DASS WIR (...) DIE PERSPEKTIVE DIESER PERSON ODER GRUPPE EINNEHMEN UND DIE WELT AUS IHRER SICHT BETRACHTEN.«

Tronto 1993

»WIR MÜSSEN DEMOKRATIE ALS EINE VERTEILUNG VON FÜRSORGE-PFLICHTEN VERSTEHEN.«

Tronto 2013

Hinter den Zitaten der US-Amerikanischen Politikwissenschaftlerin Joan Tronto steht das grundlegende Verständnis, dass alle Menschen, Systeme und Gesellschaften interdependent sind und in einer Fürsorgebeziehung zueinanderstehen. Blickt man aus kindlicher Perspektive auf die derzeitige Lebensrealität von Kindern und Jugendlichen in Deutschland, die sexualisierte Gewalt erleben, stellt sich unweigerlich die Frage nach der gesamtgesellschaftlichen Verantwortung für den Schutz von Kindern vor sexualisierter Gewalt: Wie sind aktuell Fürsorgepflichten verteilt? Welche Interdependenzen bestehen in unserer Gesellschaft im Hinblick auf den Schutz unserer Kinder? Wie können Fürsorgepflichten zukünftig verteilt werden, um auf eine ganzheitliche, demokratisch wirksame Antwort auf sexualisierte Gewalt gegen Kinder hinzuwirken?

KINDERSCHUTZ BRAUCHT MEHR ALS FAMILIE – ER BRAUCHT GESELLSCHAFT UND INSTITUTIONEN.

Traditionell wird die Fürsorgehoheit für Kinder in Deutschland innerhalb der Familie gesehen, so ist diese auch im Grundgesetz, Artikel 6 (1) festgehalten. Was aber, wenn das nicht ausreicht? Wenn dem gegenüber die gleichbleibend hohen Zahlen der Polizeilichen Kriminalstatistik stehen? Wenn die meisten Fälle von Gewalt und Vernachlässigung bis heute innerhalb der Familien und im sozialen Nahfeld der Kinder geschehen (Jarczok et al. 2023)? 2024 meldete die PKS erneut über 18.000 von sexuellem Kindesmissbrauch betroffene Kinder, die ermittelt werden konnten (PKS 2024). Die Dunkelfeldforschung geht von weit höheren Zahlen aus: Etwa jede dritte erwachsene Person berichtet, dass sie mindestens eine Gewaltform als Kind oder Jugendlicher erlebt hat (Jarczok et al. 2023; Witt et al. 2018), jede siebte erwachsene Person von sexualisierter Gewalt in Kindheit und Jugend, unter Frauen sogar jede fünfte Erwachsene (Witt et al. 2017, 2019). Die Deutsche Traumafolgestudie aus 2011 errechnete Traumafolgekosten für die deutsche Gesellschaft von 11 Milliarden Euro jährlich, eine Zahl, hinter der massive Langzeitfolgen für Betroffene stehen (Habetha et al. 2012).

Solche Gewalterfahrungen in der Kindheit und Jugend berühren stets sämtliche Lebensbereiche der Kinder und erfordern eine koordinierte Zusammenarbeit unterschiedlicher Institutionen. Doch es fehlt an systematischer Prävalenzforschung, Koordination und Vernetzung. Dabei ist wissenschaftlich belegt, dass frühzeitiges und interdisziplinäres Handeln Langzeitfolgen für die Betroffenen verringern kann (Habetha et al. 2012).

DER ÖKO-SYSTEMISCHE ANSATZ MENSCHLICHER ENTWICKLUNG

Das Bronfenbrenner-Modell (Abb. 1) (auch bekannt als der ökosystemische Ansatz menschlicher Entwicklung) zeigt deutlich: Wirksamer Kinderschutz ist mehr als Familienaufgabe. Er ist systemisch, vernetzt und wirkt auf mehreren Ebenen.

Kinderschutz ist demnach eine gesamtgesellschaftliche Fürsorgepflicht und so bedarf es neben der Familie nicht nur den dafür primär vorgesehenen Institutionen, sondern auch den Blick zu öffnen, welche Kooperationspotenziale innerhalb und zwischen den Systemen bereits wirken: Denn übernehmen interdisziplinäre Akteur*innen Fürsorgepflichten im Kinderschutz, können durch die unterschiedlichen Ressourcen, Perspektiven und Handlungsspielräume Präventionsräume erweitert werden und Gefährdungen im sozialen Nahfeld frühzeitig wahrgenommen werden.

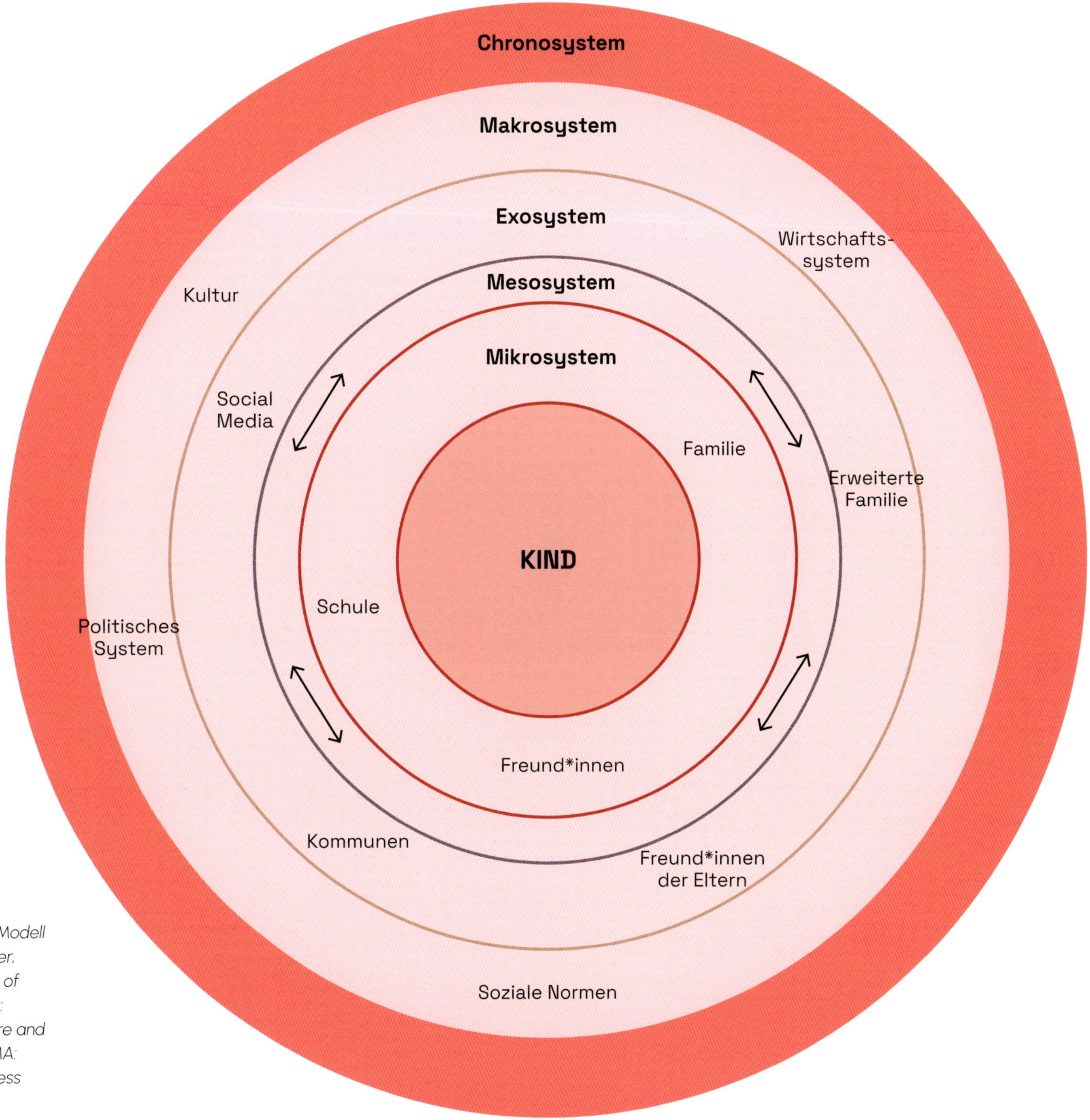

(Abb. 1)
Das Bronfenbrenner Modell
Quelle: Bronfenbrenner, U. (1979). The Ecology of Human Development: Experiments by Nature and Design.Cambridge, MA: Harvard University Press

Blickt man auf die Kooperationspotentiale der Kunst im Schutz von Kindern vor sexualisierter Gewalt, lassen sich beispielhaft die Interdependenzen der verschiedenen gesellschaftlichen Systemebenen des Bronfenbrenner Modells erläutern:

MIKROSYSTEM

So schafft Kunst nonverbale Ausdrucksformen für Kinder und Jugendliche und ermöglicht Unaussprechliches sichtbar zu machen und im Mikrosystem, dem Nahfeld eines Kindes, mit dem es direkt interagiert, wie Familie, Geschwistern, Schule, Freund*innen, einen Zugang zu Tabuthemen zu eröffnen. Auch in der Präventionsarbeit wirkt Kunst als vielfältiges Instrument zur Sichtbarmachung und Ausdrucksform. Der Bereich der Kunsttherapie wiederum gilt als wirksame Therapieform in der Bewältigung von erlebten Traumata durch sexualisierte Gewalt und kann durch aktive partizipative Prozesse dabei helfen, Selbstwirksamkeit zurückzuerlangen und Resilienz zu stärken (Avrahami 2005; van der Kolk 2006; Crenshaw 2006).

MESOSYSTEM

Im Mesosystem, der Verbindungen zwischen den Mikrosystemen, können durch Kunstprojekte Dialogräume geschaffen werden und Brücken zwischen den Institutionen gebaut werden. Als Exosystem werden all die Systeme bezeichnet, die von außen die Lebensrealität vom Kind prägen. Durch Kunst in öffentlichen Räumen und Medien kann das Thema Schutz vor sexualisierter Gewalt das Umfeld sensibilisieren und informieren. Kunst kann im Mesosystem ein neutraler Boden der Verständigung für Fachkräfte in interdisziplinären Teams sein, wenn eigene Systemlogiken sich widersprechen.

MAKROSYSTEM

Kunst wirkt aber auch als alternative Form der gesellschaftlichen Aufarbeitung und Sensibilisierung auf der Makroebene, macht sie greifbarer und eröffnet öffentliche Räume für das Thema sexualisierter Gewalt gegen Kinder. Dort, wo es noch an Evidenz fehlt, ist Kunst eine wirksame Methode zur Schaffung von Öffentlichkeit, für ein gesamtgesellschaftliches Bewusstsein und Transparenz.

CHRONOSYSTEM

Bronfenbrenner hat darüber hinaus das Chronosystem als wichtige Ausprägung in der menschlichen Entwicklung entworfen, die zeitliche Dimension, in der die kindliche Entwicklung, individuelle Lebensphasen sowie der gesellschaftliche Wandel wirken. Kunst trägt hier maßgeblich zur Resilienzförderung sowie Dokumentation gesellschaftlicher Entwicklung bei. Hierauf soll im weiteren Verlauf dieses Textes nicht weiter eingegangen werden, um sich auf die gegenwärtige Rolle von Kunst zu fokussieren.

NUR EIN SYSTEMISCHES VORGEHEN KANN PRÄVENTION, SCHUTZ UND INTERVENTION WIRKSAM VERBINDEN.

Anhand des Bronfenbrenner Modells lässt sich deutlich erkennen, dass der Schutz vor sexualisierter Gewalt gegen Kinder auf allen Ebenen stattfinden muss, um wirksam zu sein. Alle gesellschaftlichen Systeme teilen sich die Fürsorgepflichten, der Schutz vor sexualisierter Gewalt ist ein ganzheitliches systemisches Vorgehen. Nur mit diesem Verständnis können Prävention, Schutz und Intervention miteinander verbunden werden und Interdisziplinarität in der Praxis umgesetzt werden.

Kunst ist dabei ein wichtiges Mittel der Prävention, Intervention und Aufarbeitung. Durch sie kann auf der Mikroebene individuell Sprechfähigkeit in anderer Form erlangt werden, Aufarbeitung erhält neue Räume, während auf der Mesoebene Interdisziplinarität gefördert und im Exosystem durch die Schaffung neuer Räume gestärkt werden kann. Besonders gewichtet werden kann darüber hinaus die Rolle der Kunst mit ihrem Schlüsselfaktor für Sichtbarkeit und Konfrontation auf der Makroebene. Kunst kann eine Öffentlichkeit schaffen, gesellschaftlich aufklären, sexualisierte Gewalt gegen Kinder in den Diskurs bringen und Einfluss nehmen auf den politischen Willen hin zu einem systemischen Wandel im Kinderschutz.

KUNST SCHAFFT SICHTBARKEIT, KONFRONTIERT UND BRINGT KINDERSCHUTZ IN DEN ÖFFENTLICHEN DISKURS.

Deutschland hat sich international mit der Ratifizierung der UN-Kinderrechtskonvention 1992 und der sogenannten Istanbul-Konvention 2017 der Einhaltung der Kinderrechte sowie dem Schutz von Kindern und Jugendlichen vor Gewalt verpflichtet (DIMR online 2025). Auch innerhalb Deutschlands haben sich in den vergangenen Jahren Fortschritte auf politischer wie fachlicher Ebene rund um den Kinderschutz gezeigt, wie beispielsweise neue Gesetze im Bereich Kinderschutz, die Entwicklung von Kinderschutzkonzepten in Einrichtungen, die wachsende Beteiligung im Gesundheitswesen an der Etablierung von Kinderschutzgruppen und kinderschutzmedizinischen Leitlinien oder die Zunahme an Fachkräften in den Sozialen Diensten der Kommunen (Mühlmann 2020). Mit der Verabschiedung des sogenannten UBSKM-Gesetzes Anfang 2025 konnte ein erheblicher Schritt in der systemischen Verankerung des Themas auf der Makroebene erreicht werden, während gleichzeitig die Betroffenenperspektive gestärkt wurde.

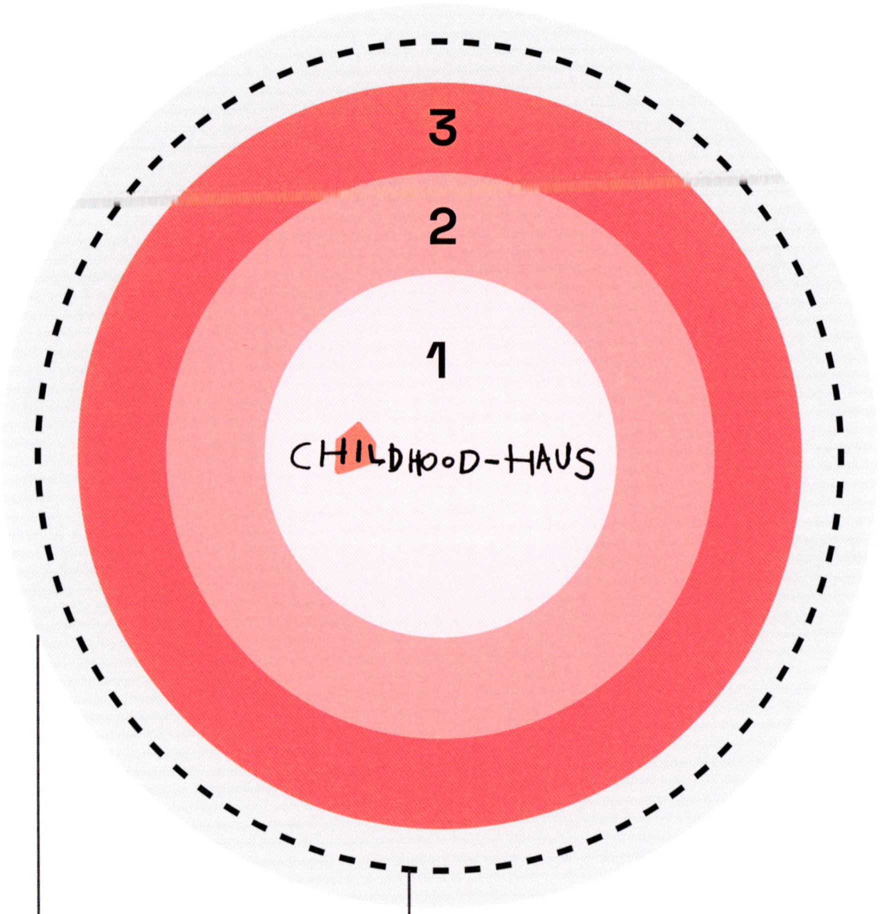

Politischer und gesellschaftlicher Wille

Kinder/Jugendliche, die Opfer oder Zeug*innen von sexualisierter Gewalt und/oder Misshandlung sind

CHILDHOOD
WORLD CHILDHOOD FOUNDATION
FOUNDED BY H.M. QUEEN SILVIA OF SWEDEN

1 KERNKOOPERATIONSPARTNER:

Medizin/Psychologie, Jugendhilfe/-amt, Polizei, Justiz

- Im Rahmen ihrer behördlichen Funktion zugeschriebene Aufgabe (Gesundheitsversorgung, gesetzlich verantwortliche Stelle der Jugendhilfe, Strafermittlungsbehörden, gerichtliche Verfahren)
- Aus dieser Gruppe wird Träger und Projektkoordinator*in gestellt/benannt (aus Med/Jugendh.)
- Gemeinsamer Kooperationsvertrag
- Verantwortlich für die Konzeptumsetzung der behördenübergreifenden Zusammenarbeit
- Lenkungsausschuss zusammen mit Vertreter*in WCF

2 ZU INTEGRIERENDE REGIONALE STRUKTUREN/INSTITUTIONEN:

z. B. Beratungs-/Jugendhilfeeinrichtungen, Psychosoziale Prozessbegleitung, Opfer-/Angeklagten Vertreter etc.)

- Durch ihre Rollen klar definierte Aufgaben im Rahmen der Prozesse/Verfahrender Kernkooperationspartner des Childhood-Hauses
- Gemeinsame Arbeitsgruppen mit Childhood-Haus Kernkooperationspartnern
- Klare Formulierung von Zugangswegen zum Childhood-Haus
- Klare Definition der Formen und Möglichkeiten der Zusammenarbeit mit dem Childhood-Haus
- Einbettung in bestehende Netzwerkstrukturen

3 REGIONALE STRUKTUREN/INSTITUTIONEN, IN DENEN KINDER UND JUGENDLICHE SIND:

z. B. Schulen, Kindertageseinrichtungen, Kinderärzt*innen, Vereine etc.

- Umfeld, in dem sich Betroffene aufhalten
- Umfeld, in dem sich Betroffene offenbaren
- Umfeld, in dem Betroffene Schutz und Unterstützung erfahren
- Umfeld, in dem Übergriffe geschehen können
- Enge Zusammenarbeit mit Childhood-Haus im Sinne einer möglichen Anlaufstelle

BUNDESREGIERUNG VERANKERT CHILDHOOD-HÄUSER ALS BEST-PRACTICE-MODELL FÜR KINDERSCHUTZ UND KINDERRECHTE

Mit einer angekündigten Bundesförderung der sogenannten Childhood-Häuser im Koalitionsvertrag der Bundesregierung 2025 wurde erstmals das europäische Best-Practice Modell der Barnahus in seiner deutschen Umsetzung in eine Regierungsvereinbarung auf Bundesebene aufgenommen (KoaV 2025). Dieses Signal stellt einen wichtigen Schritt für den Kinderschutz und die Verwirklichung der Kinderrechte in Deutschland dar – und ist Ausdruck einer politischen Verantwortung gegenüber Kindern und Jugendlichen, die körperliche oder sexualisierte Gewalt erlebt haben. Mit dem Childhood-Haus-Konzept liegt ein international erprobter, systemischer Ansatz aus der Praxis vor, um Kinder wirksam zu unterstützen in der Klärung kritischer Lebensphasen und zu schützen – kindgerecht, interdisziplinär und auf der Grundlage ihrer Rechte. Aus einer kooperativen Entwicklung heraus, getragen von betroffenen Kindern und Jugendlichen, Fachkräften, lokalen Kinderschutznetzwerken, Institutionen, begleitender Wissenschaft, Zivilgesellschaft und Politik, konnte hier auf bundespolitische Themensetzung hingewirkt werden, interdisziplinär und intersektoral. In diesem Beispiel nimmt dabei eine gemeinnützige Stiftung, die World Childhood Foundation Deutschland, die Rolle des vernetzenden Impulsgebers und einer kooperativen Instanz zwischen Mikrosystemen, Mesosystemen, Exosystemen und Makroebene ein. Eine Aufgabe, die neben Nichtregierungsorganisationen, wie beispielsweise gemeinnützigen Stiftungen oder Vereinen, auch insbesondere der Kunst und Wissenschaft zukommt. So entstehen Partnerschaften mit hoher systemischer Wirksamkeit sowohl innerhalb als auch über die verschiedenen Systemebenen hinweg.

KINDERSCHUTZ BRAUCHT POLITISCHEN WILLEN FÜR EINEN ECHTEN SYSTEMWANDEL.

Das Childhood-Haus Konzept ist ein Beispiel dafür, wie interdisziplinäre Ansätze im Kinderschutz gleichzeitig und interdependent im Mikro-, Meso-, Exo- und Makrosystem wirken und wie Fürsorgepflichten über die Ebenen und Systeme hinweg interdisziplinär verteilt werden können. Was es dabei unbedingt braucht, ist der politische Wille für einen Systemwandel. Nur dann können sich interdisziplinäre Kooperationspotenziale entwickeln und die gesamtgesellschaftlichen Fürsorgepflichten zur Wahrung der Kinderrechte wirksam verteilt werden.

Entsprechend der Fürsorge-Ethik sollte die Perspektive der Kinder dabei stehts im Mittelpunkt aller Überlegungen stehen und die daraus folgende demokratische Ausgestaltung der Kinderrechte in Deutschland als ein Zusammenschluss von Akteur:innen auf allen Ebenen in der Verteilung von Fürsorgepflichten verstanden werden: Für Kinder und Jugendliche, für Institutionen und Fachkräfte, für alle Erwachsenen, die einmal Kind waren und für eine lebendige Demokratie.

Katjas Geschichte

»SIE SAGTE, ICH DÜRFE MEINER MUTTER NICHTS ERZÄHLEN, DA ICH ANSONSTEN SCHULD SEI, WENN ES IHR NOCH SCHLECHTER GINGE UND SIE GAR NICHT MEHR GESUND WERDE.«

LITERATUR-VERZEICHNIS

VORWORT: KUNST GEGEN MISSBRAUCH! EIN PARTIZIPATIVES PROJEKT | GESA WIECZOREK

Anker, J./Behrendt, M. (2010): „Das Schweigen muss gebrochen werden". In: Berliner Morgenpost. 28.01.2010. Verfügbar unter https://www.morgenpost.de/printarchiv/berlin/article103946561/Das-Schweigen-muss-gebrochen-werden.html (abgerufen am 23.07.2025).

Appian (2020): Roman History. Vol. 5: Civil Wars. Buch 1. Altgriechisch/englisch. Hrsg. u. übers. v. Brian McGig (= Loeb classical library 5). Harvard University Press.

Hendrik Buhl (2020): Der Kriminalfilm: Polizei/Detektiv. In Handbuch Filmgenre. Hrsg. v. Marcus Stiglegger. S. 467–484. Springer Fachmedien Wiesbaden.

Imd/dpa/AFP (2021): Urteile im Missbrauchsfall Münster. „Im Grunde dürften Sie nie wieder raus". In: Spiegel Panorama. 06.07.2021. Verfügbar unter https://www.spiegel.de/panorama/justiz/urteil-im-missbrauchskomplex-muenster-im-grunde-duerften-sie-nie-wieder-raus-a-6a613e37-c814-4823-bd5a-5591106c2d5d (abgerufen am 23.07.2025).

jugendschutz.net (2020): Praxis Info. Vernetztes Spielzeug. Tipps für mehr Sicherheit im digitalen Kinderzimmer. Verfügbar unter https://www.jugendschutz.net/fileadmin/daten/publikationen/praxisinfos_reports/praxisinfo_vernetztes_spielzeug.pdf (abgerufen am 07.07.2025).

Kemp, W. (1985): Verständlichkeit und Spannung. Über Leerstellen in der Malerei des 19. Jahrhunderts. In: Ders. (Hrsg.). Der Betrachter ist im Bild. Kunstwissenschaft und Rezeptionsästhetik. S. 253–278. Köln: DuMont.

Keupp, H. et al. (2019): Die Odenwaldschule als Leuchtturm der Reformpädagogik und als Ort sexualisierter Gewalt. Eine sozialpsychologische Perspektive. Springer Fachmedien Wiesbaden.

Kowalski, M. (2018): Fallanalyse. „Sexueller Kindesmissbrauch im Kontext der katholischen und evangelischen Kirche". Auswertung der vertraulichen Anhörungen und schriftlichen Berichte der Unabhängigen Kommission zur Aufarbeitung sexuellen Kindesmissbrauchs. Verfügbar unter https://www.aufarbeitungskommission.de/mediathek/sexueller-kindesmissbrauch-evangelische-und-katholische-kirche/ (abgerufen am 23.07.2025).

Rulofs, B. et al. (2022): Sexualisierte Gewalt und sexueller Kindesmissbrauch im Kontext des Sports. Auswertung der vertraulichen Anhörungen und schriftlichen Berichte der Unabhängigen Kommission zur Aufarbeitung sexuellen Kindesmissbrauchs. Verfügbar unter https://www.aufarbeitungskommission.de/wp-content/uploads/Sexueller-Kindesmissbrauch-Kontext-Sport_Studie_Aufarbeitungskommission_bf.pdf (abgerufen am 23.07.2025).

Vieth-Entus, S. (2010): Canisius-Kolleg: Schüler an Jesuiten-Gymnasium jahrelang missbraucht. In: Tagesspiegel. 28.01.2010. Verfügbar unter https://www.tagesspiegel.de/berlin/schuler-an-jesuiten-gymnasium-jahrelang-missbraucht-6774307.html (abgerufen am 23.07.2025).

GRUSSWORT | UNABHÄNGIGE BUNDESBEAUFTRAGTE GEGEN SEXUELLEN MISSBRAUCH VON KINDERN UND JUGENDLICHEN I JULIA GEBRANDE

https://www.aufarbeitungskommission.de/
https://www.geschichten-die-zaehlen.de/erfahrungsberichte/sexueller-kindesmissbrauch-soziales-umfeld-erik/

KEIN KIND DARF IM SCHATTEN VON GEWALT VERSCHWINDEN | MANUEL HAGEL

Baier, D. et al. (2009): Jugendliche in Deutschland als Opfer und Täter von Gewalt. Forschungsbericht Nr. 107. Kriminologisches Forschungsinstitut Niedersachsen e. V., Hannover.

Bundeskriminalamt (2024): Bundeslagebild Sexualdelikte zum Nachteil von Kindern und Jugendlichen 2023. Wiesbaden.

Bundeskriminalamt/Bundesministerium des Innern und für Heimat (2024): Polizeiliche Kriminalstatistik 2023. Wiesbaden.

Dreßing, H. et al. (2025): Sexual violence against children and adolescents: A German nationwide representative survey on its prevalence, situational context, and consequences. Dtsch Arztebl Int 2025(122), S. 285–291.

Engels, D./Matta, V. (2025): Untersuchung der jährlichen Einnahmen und Ausgaben bei den Leistungen der Eingliederungshilfe nach Art. 25 Abs. 4 BTHG (Finanzuntersuchung). Abschlussbericht 2024 im Auftrag des Bundesministeriums für Arbeit und Soziales, Bonn/Berlin.

Freiwillige Selbstkontrolle Multimedia-Diensteanbieter (FSM) (2022): Jugendmedienschutzindex 2022. Berlin/München.

Innenministerium Baden-Württemberg, Pressemitteilung (31.10.2024): Landesweite Einsatzmaßnahmen gegen Kinderpornografie. Verfügbar unter: https://im.baden-wuerttemberg.de/de/service/presse-und-oeffentlichkeitsarbeit/pressemitteilung/pid/landesweite-einsatzmassnahmen-gegen-kinderpornografie (abgerufen am 18.07.2025).

Land Baden-Württemberg, Pressemitteilung (18.07.2023): Baden-Württemberg erhält Zentrum gegen virtuelle Kriminalität. Verfügbar unter: https://www.baden-wuerttemberg.de/de/service/presse/pressemitteilung/pid/baden-wuerttemberg-erhaelt-zentrum-gegen-virtuelle-kriminalitaet (abgerufen am 18.07.2025).

Land Baden-Württemberg, Pressemitteilung (03.01.2024): Cybercrime-Zentrum nimmt Arbeit auf. Verfügbar unter: https://www.baden-wuerttemberg.de/de/service/presse/pressemitteilung/pid/cybercrime-zentrum-nimmt-arbeit-auf (abgerufen am 18.07.2025).

Landtag von Baden-Württemberg (2025): Gesetzentwurf – Gesetz über die Kinder- und Jugendhilfe in Baden-Württemberg und zur Änderung des Jugendbildungsgesetzes. Drucksache 17/9086.

Linderkamp, F./Casale, G. (2023): Die traumasensible Schule – Grundlagen, Konzepte und Perspektiven. In: Zeitschrift für Heilpädagogik, 74(4), S. 100–109.

Medienpädagogischer Forschungsverbund Südwest (2024): JIM-Studie 2024 – Jugend, Information, Medien. Stuttgart.

Medienpädagogischer Forschungsverbund Südwest (2024): KIM-Studie 2024 – Kindheit, Internet, Medien. Stuttgart.

Ministerium für Soziales, Gesundheit und Integration Baden-Württemberg. (2025): Masterplan Kinderschutz Baden-Württemberg. Stuttgart.

Nationales Zentrum Frühe Hilfen (2024): Monitoring Frühe Hilfen. Wissenschaftlicher Bericht 2023 zur Bundesstiftung Frühe Hilfen. Köln.

Schütz, H. et al. (2025): Untersuchung der Ausführung sowie der absehbaren Wirkungen der neuen Regelungen der Eingliederungshilfe nach Art. 25 Abs. 2 BTHG (Wirkungsprognose). Abschlussbericht 2024 im Auftrag des Bundesministeriums für Arbeit und Soziales, Bonn/Berlin.

Staatsministerium Baden-Württemberg, Pressemitteilung (01.07.2025): Umfassende Strategie zum Kinderschutz beschlossen. Verfügbar unter: https://stm.baden-wuerttemberg.de/de/service/presse/pressemitteilung/pid/umfassende-strategie-zum-kinderschutz-beschlossen (abgerufen am 18.07.2025).

Statistisches Landesamt Baden-Württemberg (2024): Kinderschutzstatistik – Gefährdungseinschätzungen 2023. Verfügbar unter: https://www.statistik-bw.de/SozSicherung/KindJugendhilfe/15153030.tab?R=LA (abgerufen am 18.07.2025).

Treptow, R. et al. (2018): Evaluation des Landesprogramms STÄRKE 2014. Forschungsbericht. Schwäbisch Gmünd/Tübingen.

Unabhängige Beauftragte für Fragen des sexuellen Missbrauchs (2025): Zahlen und Fakten – Sexuelle Gewalt gegen Kinder und Jugendliche. Stand: April 2025.

KREATIVER AUSDRUCK ZUR BEWÄLTIGUNG SEXUALISIERTER GEWALTERFAHRUNGEN | JULIA GEBRANDE, JULIUS WOLF

Achterberg, J. (1987): Die heilende Kraft der Imagination: Heilen durch Gedankenkraft. Grundlagen und Methoden einer neuen Medizin. Bern: Scherz.

Achterberg, J./Dossey, B./Kolkmeier, L. (1996): Rituale der Heilung. Die Kraft von Phantasiebildern im Gesundungsprozess. München: Goldmann Verlag.

Ahrens-Eipper, S./Nelius, K. (2015): Der große Schreck. Psychoedukation für Kinder nach traumatischen Ereignissen. Halle/Saale: kjp-Verlag.

Bange, D. (1992): Die dunkle Seite der Kindheit: Sexueller Mißbrauch an Mädchen und Jungen. Ausmaß – Hintergründe – Folgen. Köln: Volksblatt Verlag.

Butollo, W./Gavranidou, M. (1999): Intervention nach traumatischen Ereignissen, in: Oerter, Rolf; von Hagen, Cornelia; Röper, Gesine; Noam, Gil (Hrsg.), Klinische Entwicklungspsychologie. Ein Lehrbuch, Weinheim: Psychologie Verlags Union, S. 459–477.

De Saint Phalle, N. (2000): Traces. Eine Autobiographie, Remembering 1930–1949. Lausanne: Acatos Verlag.

Dehner-Rau, C./Reddemann, L. (2019): Gefühle besser verstehen. Wie sie entstehen. Was sie uns sagen. Wie sie uns stärken. 2. Aufl. München: Goldmann.

Enders, U. (2019): Zart war ich, bitter war's – Handbuch gegen sexuellen Missbrauch. 6. Aufl. Köln: Kiepenheuer & Witsch.

Freud, S. (1939): Die Traumdeutung. Leipzig: Franz Deuticke.

Fritsch, G. R. (2012): Der Gefühls- und Bedürfnisnavigator. Eine Orientierungshilfe für Psychosomatik- und Psychotherapiepatienten. 2. Aufl. Paderborn: Junfermann.

Gahleitner, S. B./Gebrande, J. (2024): Sexualisierte Gewalt an Kindern und Jugendlichen. In: Sozialmagazin, Ausgabe 6, S. 14. Weinheim: Beltz Juventa. Verfügbar unter: https://www.beltz.de/fachmedien/sozialpaedagogik_soziale_arbeit/zeitschriften/sozialmagazin/artikel/53616-sexualisierte-gewalt-an-kindern-und-jugendlichen.html (abgerufen am 22.09.2025).

Gebrande, J. (2021): Soziale Arbeit nach traumatischen Erfahrungen. Grundkenntnisse für den Umgang mit traumatisierten Menschen. Kompendien der Sozialen Arbeit. Baden-Baden: Nomos.

Gruen, A. (1986): Der Verrat am Selbst. Die Angst vor Autonomie bei Mann und Frau. München: Deutscher Taschenbuch Verlag.

Jung, C. G. (2019a): Archetypen: Urbilder und Wirkkräfte des Kollektiven Unbewussten. 2. Aufl. Ostfildern: Patmos-Verlag.

Jung, C. G.(2019b): Das rote Buch. 3. Aufl. Ostfildern: Patmos-Verlag.

Levine, P./Kline, M. (2015): Verwundete Kinderseelen heilen. Wie Kinder und Jugendliche traumatische Erlebnisse überwinden können. 9. Aufl., München: Kösel.

Maass, H. (1981): Der Therapeut in uns. Heilung durch aktive Imagination. Freiburg: Walter.

Petersen, P./Rosenhag, J. (1993): Dieser kleine Funke Hoffnung. Therapiegeschichte eines sexuellen Missbrauchs. Stuttgart: Mayer.

Reddemann, Luise (2008): Psychodynamisch Imaginative Traumatherapie. PITT – Das Manual. 5. Aufl., Stuttgart: Klett-Cotta.

Reddemann, L. (2013): Imagination als Ressource. In: Schaller, Johannes/ Schemmel, Heike (Hrsg.): Ressourcen ... Ein Hand- und Lesebuch zur psychotherapeutischen Arbeit. 2. Vollständig überarbeitete und erweiterte Aufl., Tübingen: dgvt. S. 293–303.

Reddemann, L. (2014): Imagination als heilsame Kraft. Zur Behandlung von Traumafolgen mit ressourcenorientierten Verfahren. 18. Aufl., Stuttgart: Klett Cotta.

Riedel, I./Henzler, C. (2016): Maltherapie – Auf Basis der Analytischen Psychologie C. G. Jungs. Ostfildern: Patmos Verlag.

Schröder, S. (2002): Ein starkes verwundetes Herz – Niki de Saint Phalle. Ein Künstlerleben. Freiburg: Herder Verlag.

Wittmann, A. J. (2015): Kinder mit sexuellen Missbrauchserfahrungen stabilisieren. Handlungssicherheit für den pädagogischen Alltag. München: Ernst Reinhardt.

Wolf, J. (2024): Betroffen-Sein. Vom Damals ins Leben. Unveröffentlichte Ausgabe.

Zito, D./Martin, E. (2016): Umgang mit traumatisierten Flüchtlingen. Ein Leitfaden für Fachkräfte und Ehrenamtliche. Weinheim: Beltz Juventa.

HÄUFIGKEIT UND FOLGEN SEXUALISIERTER GEWALT AN KINDERN: DATEN – ZAHLEN – FAKTEN | DIRK BANGE

Bange, D. (2023): Das Tabu: Sexuelle Gewalt. Herausgegeben von der Gewerkschaft der Polizei. Hilden: Verlag Deutsche Polizeiliteratur GmbH.

Bieneck, S./Stadler, L./Pfeiffer, C. (2011): Erster Forschungsbericht zur Repräsentativbefragung Sexueller Missbrauch 2011, Kriminologisches Forschungsinstitut Niedersachen, Hannover.

Bundeskriminalamt (BKA) (1995–2024): Polizeiliche Kriminalstatistiken der Jahre 1995 bis 2023. Wiesbaden.

Dreßing, H./Hoell, A./Scharmann, L./Simon, A. M./Haag, A./Dölling, D./Meyer-Linderberg, A./Fegert, J. M. (2025): Sexualisierte Gewalt gegen Kinder und Jugendliche Eine bundesweite, auf Repräsentativität ausgelegte Befragung zu Prävalenz, situativem Kontext und den Folgen. In: Deutsches Ärzteblatt, Jg. 122, Heft 11, S. 285–291.

Häuser, W./Schmutzer, G./Brähler, E./Glaesmer, H. (2011): Misshandlungen in Kindheit und Jugend. Ergebnisse einer Umfrage in einer repräsentativen Stichprobe der deutschen Bevölkerung. In: Deutsches Ärzteblatt, Heft 17, S. 287–294.

MIKADO (Missbrauch von Kindern Aetiologie/Dunkelfeld/Opfer): Bedingungen und Folgen sexueller Viktimisierung. Dunkelfeld Opfer: Bedingungen und Folgen sexueller Viktimisierung für Kinder und Jugendliche.

Witt, A./Glaesmer, H./Jud, A./Plener, P. L./Brähler, E./Brown, R. C./Fegert, J. M. (2018): Trends in child maltreatment in Germany: comparison of two representative population-based sudies. In: Child and Adolescent Psychiatry and Mental Health, Vol. 18: Article 24.

KINDERPORNOGRAFIE IM INTERNET – ERMITTLUNGSARBEIT ZWISCHEN PRÄVENTION UND REPRESSION | ANDREAS STENGER

Rat der Europäischen Union (2024): Die Europäische Staatsanwaltschaft – EUStA. Letzte Überprüfung: 11. Januar 2024. Verfügbar unter: https://www.consilium.europa.eu/de/policies/eppo/ (abgerufen am 21. August 2025).

Europol (o. J.): Europol Analysis Projects – Project Twins. Verfügbar unter: https://www.europol.europa.eu/how-we-work/europol-analysis-projects (abgerufen am 21.08.2025).

National Center for Missing and Exploited Children (NCMEC) (o. J.): About NCMEC. Verfügbar unter: https://www.missingkids.org/footer/about (abgerufen am 21.08.2025).

Bundeskriminalamt (o. J.): Zentralstelle für die Bekämpfung von Sexualdelikten zum Nachteil von Kindern und Jugendlichen. Verfügbar unter: https://www.bka.de/DE/UnsereAufgaben/Aufgabenbereiche/Zentralstellen/Kinderpornografie/kinderpornografie_node.html (abgerufen am 21.08.2025).

Ministerium des Inneren, für Digitalisierung und Kommunen Baden-Württemberg (2023): Aktionstag gegen Kinderpornografie. Pressemitteilung vom 26. Oktober 2023. Verfügbar unter: https://im.baden-wuerttemberg.de/de/service/presse-und-oeffentlichkeitsarbeit/pressemitteilung/pid/aktionstag-gegen-kinderpornografie (abgerufen am 21.08.2025).

Landeskriminalamt Baden-Württemberg (2025a): Liveübertragungen in Ermittlungsverfahren. Pressemitteilung. Verfügbar unter: https://www.presseportal.de/blaulicht/pm/110980/5789485 (abgerufen am 21.08.2025).

Landeskriminalamt Baden-Württemberg (2025b): Konkrete polizeiliche Maßnahmen im Kampf gegen Kinderpornografie. Pressemitteilung. Verfügbar unter: https://www.presseportal.de/blaulicht/pm/110980/5893552 (abgerufen am 21.08.2025).

Saarländischer Rundfunk (2025): Künstliche Intelligenz im Einsatz gegen Missbrauchsdarstellungen von Kindern. Verfügbar unter: https://www.sr.de/sr/home/nachrichten/panorama/kuenstliche_intelligenz_im_einsatz_gegen_missbrauchsdarstellungen_von_kindern_100.html (abgerufen am 21.08.2025).

Polizeiliche Kriminalprävention der Länder und des Bundes (2025a): Flyer „Gemeinsam gegen Cybergrooming – Internet ABC". Sonderformat A5. Verfügbar unter: https://www.polizei-beratung.de/medienangebot/detail/337-gemeinsam-gegen-cybergrooming (Stand: August 2025).

Reinelt, M. (2023): Prävention von Gefahren im digitalen Alltag von Kindern. Das polizeiliche Präventionsprogramm „Klasse im Netz". Deutscher Präventionstag. PDF. Verfügbar unter: https://www.praeventionstag.de/dokumentation/download.cms?id=7066&datei=26-Reinelt-7066.pdf (abgerufen am 21.08.2025).

Polizeiliche Kriminalprävention der Länder und des Bundes (2025b): Kampagne „Sounds Wrong" gegen Missbrauchsdarstellungen. Verfügbar unter: https://www.soundswrong.de/kampagne (abgerufen am 21. August 2025).
Kein Täter werden (o. J.): Informationen zum Präventionsnetzwerk. Verfügbar unter: https://www.kein-taeter-werden.de/ (abgerufen am 21.08.2025).

Charité – Universitätsmedizin Berlin (2023): Die weitreichenden Folgen von Kindesmissbrauch. Pressemitteilung vom 24. Februar 2023. Verfügbar unter: https://www.charite.de/service/pressemitteilung/artikel/detail/die_weitreichenden_folgen_von_kindesmissbrauch (abgerufen am 21.08.2025).

Habetha, S./Bleich, S./Weidenhammer, J./Fegert, J. M. (2012): Traumafolgekosten sexualisierter Gewalt bei Kindern und Jugendlichen in Deutschland. Studie im Auftrag der UBSKM. Verfügbar unter: https://beauftragte-missbrauch.de/fileadmin/user_upload/Publikation_-_Abschlussberichte/Publikat_Deutsche_Traumafolgekostenstudie_final.pdf (abgerufen am 21.08.2025).

SOZIALARBEITERISCHE PERSPEKTIVEN AUF PROFESSIONELLES HANDELN IM ALLGEMEINEN SOZIALEN DIENST IM KONTEXT SEXUALISIERTER GEWALT | LENA KNAEBE, MARTIN WAZLAWIK

Ackermann, T. (2022): Partizipation und Kinderschutz. Herausforderungen und Entwicklungsperspektiven. In: Peyerl, Katrin; Züchner, Ivo (Hrsg.): Partizipation in der Kinder- und Jugendhilfe. Anspruch, Ziele und Formen der Partizipation von Kindern und Jugendlichen. Weinheim, Basel: Beltz Juventa, S. 178–191.

Bange, D. (2019): Sexualisierte Gewalt und die Jugendämter. In: Kinder- und Jugendschutz in Wissenschaft und Praxis, 64, S. 64–69.

Becker, U./Fuhrmann, G./Gerhard, M. (2020): Interventionen bei sexueller Gewalt. Eine Handlungsorientierung für den Allgemeinen Sozialen Dienst. In: unsere jugend, 72. Jg. München und Basel: Ernst Reinhard Verlag, S. 257–264.

Becker-Lenz, R./Müller-Hermann, S. (2013): Die Notwendigkeit von wissenschaftlichem Wissen und die Bedeutung eines professionellen Habitus für die Berufspraxis der Sozialen Arbeit. In: Becker-Lenz, R.; Busse, S.; Ehlert, G.; Müller-Hermann, S. (Hrsg.): Professionalität in der Sozialen Arbeit. Standpunkte, Kontroversen, Perspektiven. Wiesbaden: Springer VS. S. 203–227. https://doi.org/10.1007/978-3-531-19881-1_6.

Biesel, K./Wolff, R. (2014): Aus Kinderschutzfehlern lernen. Eine dialogisch-systemische Rekonstruktion des Falles Lea-Sophie. Bielefeld: transcript Verlag.

Bode, I./Turba, H. (2014): Organisierter Kinderschutz in Deutschland. Wiesbaden: Springer. 61–107.

Böllert, K. (2014): Sexualisierte Gewalt und professionelle Herausforderungen. In: Böllert, K.; Wazlawik, M. (2014): Sexualisierte Gewalt. Institutionelle und professionelle Herausforderungen. Wiesbaden: Springer VS. S. 139–150.
Bohnsack, R. (2003): Gruppendiskussionsverfahren und Milieuforschung. In: Friebertshäuser, B./Prengel, A. (Hrsg.) Handbuch Qualitative Forschungsmethoden in der Erziehungswissenschaft. Weinheim und München: Beltz Juventa, S. 492–502.

Bohnsack, R./Nentwig-Gesemann, I./Nohl, A.-M. (Hrsg.) (2013): Die dokumentarische Methode und ihre Forschungspraxis. Grundlagen qualitativer Sozialforschung. 3. Aufl. Wiesbaden: Springer VS.

Christmann, B./Knaebe, L./Rusack, T./Tariq, S. (2024): Verständnis von institutionellen Schutzkonzepten im Jugendamt. Begriffsklärung, Herausforderungen und Entwicklungsperspektiven. In: Neue Praxis, 4/24, S. 326–339.

Dahmen, S. (2020): Risikoeinschätzungsinstrumente im Kinderschutz. Zwischen Standardisierung und situierter Anwendung. In: Sozial Extra, Ausgabe 1, 2021. S. 36–41.

Dewe, B. (2013): Reflexive Sozialarbeit im Spannungsfeld von evidenzbasierter Praxis und demokratischer Rationalität – Plädoyer für die handlungslogische Entfaltung reflexiver Professionalität. In: Becker-Lenz, R.; Busse, S.; Ehlert, G.; Müller-Hermann, S. (Hrsg.): Professionalität in der Sozialen Arbeit. Standpunkte, Kontroversen, Perspektiven. Wiesbaden: Springer VS. S. 95–118. https://doi.org/10.1007/978-3-531-19881-1_6.

Enders, S. (2015): Jugendamt und ASD in den Medien – zwischen Überforderung und Untätigkeit? In: Merchel, Joachim (Hrsg.): Handbuch Allgemeiner Sozialer Dienst (ASD). München, Basel: Ernst Reinhardt Verlag, S. 418–430.

Kasper, D. (2019): Das Tabu ist gebrochen, der Missbrauch geht weiter! Erfahrungen sexualisierter Gewalt bei Menschen mit Behinderung. In: Schweizerische Zeitschrift für Heilpädagogik, 25(4), S. 36–43.

Kavemann, B. (2002): „Niemand allein…". Kooperation und Vernetzung. Zeitschrift des Bundesvereins zur Prävention von sexuellem Mißbrauchprävention – 5 (1–2), S. 3–6.

Kindler, H./Rauschenbach, T. (2016): Kinderschutz als gesamtgesellschaftliche Aufgabe. Rückblick und künftige Perspektiven. In: Forum Jugendhilfe, 2, S. 4–8.

Kläsener, N. (2024): Organisieren von Entscheidungen über Kindeswohl. Zur Prozessierung des Schutzauftrags der öffentlichen Kinder- und Jugendhilfe. Weinheim; Basel: Beltz Juventa.

Köhn, B. (2012): Kooperation im Kinderschutz. Ein Blick aus der Praxis des Berliner »Notdienst Kinderschutz«. In: Thole, W./Retkowski, A./Schäuble, B. (Hrsg.), Sorgende Arrangements. Kinderschutz zwischen Organisation und Familie (S. 143–151). Wiesbaden: Springer VS.

Marks, S./Sehmer, J. (2017): Familiale Autonomie im Kinderschutz. Sozialer Sinn, 18(2), S. 203–229.

Meysen, T./Paulus, M./Derr, R./Kindler, H. (2023): Fallstudie: Sexueller Kindesmissbrauch und die Arbeit der Jugendämter. Geschichten, die zählen. Hrsg. v. Unabhängige Kommission zur Aufarbeitung sexuellen Kindesmissbrauchs (Online).

Mosser, P. (2018): Folgen und Nachwirkungen sexualisierter Gewalt. In: A. Retkowski, A. Treibel & E. Tuider (Hrsg.), Handbuch Sexualisierte Gewalt und pädagogische Kontexte. Theorie, Forschung, Praxis (1. Auflage, S. 822–831). Weinheim: Beltz.

Schrapper, C. (2018): Hilfeplanung nach §36 SGB VIII. In: Böllert, Karin (Hrsg.): Kompendium Kinder- und Jugendhilfe. Wiesbaden: Springer VS, S. 1029–1044.

korrigieren zu: Spratt, T./Devaney, J./Hayes, D. (2015): In and out of home care decisions: The influence of confirmation bias in developing decision supportive reasoning. Child Abuse and Neglect, 49, 76–85.

Stevens, B. (2012): Examining Emerging Strategies to Prevent Sexual Violence: Tailoring to the Needs of Women With Intellectual and Developmental Disabilities. In: Journal of Mental Health Research in Intellectual Disabilities, 5(2), S. 168–186.

Taylor, B. J. (2017): Decision making, assessment and risk in social work. London: SAGE.

van Santen, E./Seckinger, M. (2018): Netzwerke und Kooperationen im Kinderschutz. In: M. Böwer/J.Kotthaus (Hrsg.), Praxisbuch Kinderschutz. Professionelle Herausforderungen bewältigen (1. Auflage, S. 298–313). Weinheim: Beltz Juventa.

NICHT NUR EINE FRAGE DES „TRAUMAS“: SEXUALISIERTE GEWALT GEGEN KINDER UND JUGENDLICHE AUS PSYCHOLOGISCHER PERSPEKTIVE | ANGELIKA TREIBEL

Büttner, M. (Hrsg.) (2018): Sexualität und Trauma. Grundlagen und Therapie traumaassoziierter sexueller Störungen. Stuttgart: Schattauer.

Bundeskriminalamt (BKA) (Hrsg.) (2025): Polizeiliche Kriminalstatistik Bundesrepublik Deutschland 2024. https://www.bka.de/DE/AktuelleInformationen/StatistikenLagebilder/PolizeilicheKriminalstatistik/PKS2024/Polizeiliche_Kriminalstatistik_2024/Polizeiliche_Kriminalstatistik_2024_node.html#:~:text=Gestiegen%20ist%20auch%20die%20Gewaltkriminalit%C3%A4t,Sexualdelikten%20um%209%2C3%20Prozent (abgerufen am 13.07.2025).

Das NETTZ, Gesellschaft für Medienpädagogik und Kommunikationskultur, HateAid und Neue deutsche Medienmacher*innen als Teil des Kompetenznetzwerks gegen Hass im Netz (Hrsg.) (2024): Lauter Hass – leiser Rückzug. Wie Hass im Netz den demokratischen Diskurs bedroht. Ergebnisse einer repräsentativen Befragung. Berlin. https://kompetenznetzwerk-hass-im-netz.de/download_lauterhass.php (abgerufen am 13.07.2025).

Gulowski, R./Krüger, C. (2020): Jugendliche reden über sexualisierte Gewalterfahrungen vor allem mit ihren Peers. Erste Erkenntnis aus dem BMBF Projekt „Peers als Adressaten von Disclosure und Brücken ins Hilfesystem“. BzgA Forum 1, S. 30–33.

Hagemann-White, Cl. (1992): Strategien gegen Gewalt im Geschlechterverhältnis. Bestandsanalyse und Perspektiven. Pfaffenweiler: Centaurus

Kavemann, B./Graf-van Kesteren, A./Rothkegel, S./Nagel, B. (2016): Erinnern, Schweigen und Sprechen nach sexueller Gewalt in der Kindheit. Wiesbaden: Springer VS.

Mosser, P./Lenz, H.-J. (Hrsg.) (2014): Sexualisierte Gewalt gegen Jungen: Prävention und Intervention: Ein Handbuch für die Praxis. Wiesbaden: Springer VS.

Retzlaff, R. (2021): Spiel-Räume: Lehrbuch der systemischen Therapie mit Kindern und Jugendlichen. Stuttgart: Klett-Cotta.

Statista Research Department (2025): Opfergefährdung von Frauen bei Sexualstraftaten in Deutschland nach Altersgruppe 2024. Veröffentlicht von Statista Research Department, 23.06.2025 https://de.statista.com/statistik/daten/studie/1588/umfrage/opfer-von-vergewaltigung-sexueller-noetigung-nach-altersgruppen/ (abgerufen am 13.07.2025).

Treibel, A./Seidler, G.H. (2008): Werden Gewaltfolgen bei männlichen Opfern unterschätzt? Ergebnisse eines internetbasierten Experiments. neuro aktuell, S. 7, 33-34; 37.

UBSKM (Unabhängige Beauftragte für Fragen des sexuellen Kindesmissbrauchs) (2025): Expertisen und Studien. https://beauftragte-missbrauch.de/mediathek/publikationen/expertisen-und-studien (abgerufen am 13.07.2025).

AUFARBEITUNG ALS EMPOWERMENT | HEINER KEUPP

Alexander, J. C. (2019): What makes a social crisis? The societalization of social problems. Cambridge, UK, Medford, MA: Polity.

Bude, H./Lantermann, E.-D. (2006): Soziale Exklusion und Exklusionsempfinden. Kölner Zeitschrift für Soziologie und Sozialpsychologie, 58 (2), S. 233–252.

Busch, B./Dill, H./Mosser, P. (2020): Betroffener und ihr gesellschaftspolitisches Engagement gegen sexualisierte Gewalt. In: Verhaltenstherapie & Psychosoziale Praxis, 52, 2, S. 317–328.

Cooper, Y. (2019): She speaks. The power of women‘s voices. London: Atlantic Books.

Giglioli, D. (2016): Die Opferfalle. Wie die Vergangenheit die Zukunft fesselt. Berlin: Matthes & Seitz.

Goltermann, S. (2017): Opfer – Die Wahrnehmung von Krieg und Gewalt in der Moderne. Frankfurt: S. Fischer.

Grave, T./Decker, O./Gießler, H. et al. (Hrsg.) (2017): Opfer: Kritische Theorie und Psychoanalytische Praxis. Gießen: Psychosozial.

Kast, V. (2019): Abschied von der Opferrolle: Das eigene Leben leben. Freiburg: Herder.

Mosser, P. (2020): Handeln und Agieren als Formen der Ermächtigung – Betroffene von sexualisierter Gewalt auf ihrem Weg in die Öffentlichkeit. In: Verhaltenstherapie & Psychosoziale Praxis, 52, 2, S. 331–350.

Paul, C. (2016): Scham nach sexualisierter Gewalt in Kindheit und Jugend als Folge öffentlicher Zuschreibungen. Forum Gemeindepsychologie, 21 (1). Verfügbar unter http://www.gemeindepsychologie.de/fg-1-2016_05.html (abgerufen am 22.09.2025).

Rappaport, J. (1981): In praise of paradox: A social policy of empowerment over prevention. In: American Journal of Community Psychology, 9, S. 337–356.

Rappaport, J. (1995): Empowerment meets narrative: Listening to stories and creating settings. In: American Journal of Community Psychology 23, S. 795–807.

Rappaport, J. (1998): The art of social change: Community narratives as resources for individual and collective identity. In: Arriaga, X. B./Oskamp, S. (Hrsg.): Addressing community problems. Psychological research and interventions. Thousand Oaks, Calif., London: Sage Publications (The Claremont Symposium on Applied Social Psychology), S. 225–246.

Rappaport, J. (2000): Community narratives: Tales of terror and joy. In: American Journal of Community Psychology 28 (1), S. 1–24.

Weick, K.E. (2009): Making sense of the organization. [Nachdr.]. Malden, Mass.: Blackwell.

SCHUTZ VOR SEXUELLER GEWALT – WELCHEN BEITRAG KANN DAS RECHT LEISTEN? | KATHARINA LOHSE

Andresen, S./Demant, M./Galliker, A./Rott, L. (2021): Sexuelle Gewalt in der Familie - Gesellschaftliche Aufarbeitung sexueller Gewalt gegen Kinder und Jugendliche von 1945 bis in die Gegenwart, Berlin; https://www.aufarbeitungskommission.de/wp-content/uploads/Studie_Sexuelle-Gewalt-in-der-Familie_bf.pdf (abgerufen am 01.08.2025).

DIJuF/Ständige Fachkonferenz 2 (2023): Verdacht auf innerfamiliären sexuellen Missbrauch – Herausforderungen und wie der ASD trotz und mit ihnen gut umgehen kann, JAmt 2024; https://dijuf.de/fileadmin/Redaktion/Hinweise/SFK_2_Verdacht_innerfamiliaerer_sexueller_Missbrauch.pdf (abgerufen am 01.08.2025).

Lohse, K./Beckmann, J./Ehlers, S. (2021): Prävention und Intervention bei innerinstitutionellem sexuellem Missbrauch. Rechte und Pflichten der Institutionen, Leitlinien des Runden Tisches „Sexueller Kindesmissbrauch" und Empfehlungen anderer Akteur*innen, Berlin; https://beauftragte-missbrauch.de/fileadmin/user_upload/Materialien/Publikationen/Expertisen_und_Studien/Expertise_Praevention_und_Intervention_bei_innerinstitutionellem_Missbrauch.pdf (abgerufen am 01.08.2025).

Ministerium für Familie, Frauen, Kultur und Integration Rheinland-Pfalz (2024): Pakt gegen sexualisierte Gewalt an Kindern und Jugendlichen. Handlungsempfehlungen. Prävention – Intervention – Nachsorge, Mainz.

MISSBRAUCH IN KIRCHLICHEN INSTITUTIONEN | MARIE-LUISE FAHR

Bange, D./Enders, U./Ladenburger, P./Lörsch, M. (Hrsg.) (2014): Schlussbericht der unabhängigen Kommission zur Aufarbeitung von Missbrauchsfällen im Gebiet der ehemaligen Nordelbischen Evangelisch-Lutherischen Kirche, heute Evangelisch-Lutherischen Kirche in Norddeutschland 1997–2012. Hamburg/Köln/Bonn. www.nordkirche.de/fileadmin/user_upload/Dokumente/nordkirche-untersuchungsbericht.pdf (abgerufen am 14.07.2025).

Deutscher Bundestag/Wissenschaftliche Dienste (2024): Sachstand. Besonderheiten des kirchlichen Arbeitsrechts. WD 6 – 3000 – 071/24 https://www.bundestag.de/resource/blob/1039874/WD-6-071-24-pdf.pdf (abgerufen am 30.07.2025).

Dreßing, H/Salize, H.J./Dölling, D./Hermann, D./Kruse, A./Schmitt, E./Bannenberg, B. (2018): Sexueller Missbrauch an Minderjährigen durch katholische Priester, Diakone und männliche Ordensangehörige im Bereich der Deutschen Bischofskonferenz (MHG-Studie). www.dbk.de/fileadmin/redaktion/diverse_downloads/Dossiers_alt/dossiers_2018/MHG-Studie-gesamt.pdf (abgerufen am 20.07.2025).

EKD (Evangelische Kirche in Deutschland) (2024): Maßnahmenplan zur Umsetzung der ForuM-Studie. https://www.ekd.de/Missbrauch-23975.htm (abgerufen am 04.08.2025).

ForuM (Forschungsverbund) (2024): Forschung zur Aufarbeitung von sexualisierter Gewalt und anderen Missbrauchsformen in der Evangelischen Kirche und Diakonie in Deutschland. Abschlussbericht, EKD. www.forum-studie.de/wp-content/uploads/2024/02/Abschlussbericht_ForuM_21-02-2024.pdf (abgerufen am 30.07.2025).

Kirchenamt der EKD (2012): Fragen und Antworten zum Arbeitsrecht der evangelischen Kirche und ihrer Diakonie. https://landeskirche.bayern-evangelisch.de/downloads/ELK-faq-arbeitsrecht-kirche-und-diakonie-ekd_2014.pdf (abgerufen am 04.08.2025).

Klumpp, S./Kreß, H. (2015): Kampf der Kirchen. Pro & Contra Dritter Weg www.lto.de/recht/hintergruende/h/arbeitsrecht-streik-kirche-dritter-weg (abgerufen am 31.07.2025).

Kowalski, M. (2018): Fallanalyse „Sexueller Kindesmissbrauch im Kontext der evangelischen und katholischen Kirche" – Auswertung der vertraulichen Anhörung und schriftlichen Berichte der Unabhängigen Kommission zur Aufarbeitung sexuellen Kindesmissbrauchs. Berlin www.aufarbeitungskommission.de/mediathek/sexueller-kindesmissbrauch-evangelische-und-katholische-kirche/ (abgerufen am 27.07.2025).

Kreß, H. (2014): Die Sonderstellung der Kirchen im Arbeitsrecht – sozialethisch vertretbar? www.hartmut-kress.de/wp-content/uploads/2024/05/kress_sonderstellung_kirchliches_arbeitsrecht_14.7.2014.pdf (abgerufen am 20.07.2025).

UBSKM (Unabhängige Kommission zur Aufarbeitung sexuellen Kindesmissbrauchs) (2023): Bericht über die Anerkennungsverfahren in den Kirchen. www.beauftragte-missbrauch.de/fileadmin/user_upload/Aufarbeitung/aufarbeitungsberichte_dezember_2023.pdf (abgerufen am 29.07.2025).

ver.di (2024): Kircheninfo zur Lage des kirchlichen Arbeitsrechts. www.gesundheit-soziales-bildung.verdi.de/++file++664c688159c3f038fea29ad5/download/2024-05_Kircheninfo.pdf (abgerufen am 31.07.2025).

FORSCHUNGSPROJEKT ZUR KRIMINALPRÄVENTION VON VERGEWALTIGUNG MIT TECHNISCHEN HILFEN | URS SCHNEIDER, JULIA WEGE, KRISTINA MICHEL

Birkel, C./Church, D./Erdmann, A./Hager, A./Leitgöb-Guzy, N. (2023): Sicherheit und Kriminalität in Deutschland- SKiD 2020: Bundesweite Kernbefunde des Viktimisierungssurvey des Bundeskriminalamts und der Polizeien der Länder. Verfügbar unter https://www.bka.de/SharedDocs/Downloads/DE/Publikationen/Publikationsreihen/Forschungsergebnisse/SKiD2020_Ergebnisse_V1.4.html (abgerufen am 21.06.2025).

Bundeskriminalamt (2024): Bundeslagebilder-Geschlechtsspezifisch gegen Frauen gerichtete Straftaten 2023. Verfügbar unter https://www.bka.de/DE/AktuelleInformationen/StatistikenLagebilder/Lagebilder/StraftatengegenFrauen/StraftatengegenFrauen_node.html (abgerufen am 16.06.2025).

Kretschmer, S./Schwarz-Saage, R./Burkhardt, S./Lukas, T. (2024): Blinde Flecken und unsicherere Orte: Bedarfe der Prävention von geschlechtsspezifischer Gewalt im öffentlichen Raum. In: Helena Schüttler, Paulina Lutz, Maja Werner, Leonie Steinl, Inga Schuchmann, Yvonne Kieg, Dilken Çelebi (Hrsg.), Gender & Crime: Sexuelle Selbstbestimmung und geschlechtsspezifische Gewalt. (S. 111–131). Nomos. https://doi.org/10.5771/9783748941262.

Schröttle, M./Müller, U. (2004): Lebenssituation, Sicherheit und Gesundheit von Frauen in Deutschland. Eine repräsentative Untersuchung zur zu Gewalt gegen Frauen in Deutschland. Im Auftrag des Bundesministeriums für Familie, Senioren, Frauen und Jugend. Verfügbar unter https://www.bmfsfj.de/bmfsfj/studie-lebenssituation-sicherheit-und-gesundheit-von-frauen-in-deutschland-80694 (abgerufen am 16.06.2025).

Schröttle, M. (2015): Sexuelle Gewalt und Gewalt in Paarbeziehungen. In: Nathalie Guzy, Christoph Birkel, Robert Mischkowitz (Hrsg.), Viktimisierungsbefragungen in Deutschland. Band 1, Bundeskriminalamt Wiesbaden. S. 181–210.

Schafran, L. H. (o.D.): Barriers to Credibility: Understanding and countering rape myths. Verfügbar unter https://www.nationalguard.mil/portals/31/documents/j1/sapr/sarcvatraining/barriers_to_credibility.pdf (abgerufen am 07.01.2025).

Du Mont, J./Miller, K./Myhr, T. L.(2003): The Role of "Real Rape" and "Real Victim" Stereo-types in the Police Reporting Practices of Sexually Assaulted Women. In: Violence against women 9 (4), S. 466–486. DOI: 10.1177/1077801202250960.

Du Mont, J./White, D. (2007): The uses and impacts of medico-legal evidence in sexual assault cases: a global review / Janice Du Mont and Deborah White. Geneva: Dept. of Gender, Women and Health, World Health Organization.

SEXUALISIERTE GEWALT – POPSONGS ALS HILFE ZUR BEWÄLTIGUNG | DIRK BANGE

Dreßing, H./Hoell, A./Scharmann, L./Simon, A. M./Haag, A./Dölling, D./Meyer-Linderberg, A./Fegert, J. M. (2025): Sexualisierte Gewalt gegen Kinder und Jugendliche Eine bundesweite, auf Repräsentativität ausgelegte Befragung zu Prävalenz, situativem Kontext und den Folgen. In: Deutsches Ärzteblatt, Jg. 122, Heft 11, S. 285–291.

Suzuki, D. C./Bitencourt Monge, A./Soares da Silva, B./Viana, J. A./Suzuki, P. R./Neto, R. A./de Souza Vitalle, M. S. (2023): Adolescent victims of sexual abuse and music therapy: A systematic review. In: Research, Society and Development, Vol. 12, No. 6, https://doi.org/10.33448/rsd-v12i6.42356.

Strehlow, G. (2020): Musiktherapie mit Opfern sexueller Gewalt. In: Wölfl, Andreas & Siebert, Silke (Hrsg.). Musiktherapie mit Opfern von Missbrauch und Gewalt. Wiesbaden: Reichert Verlag, S. 47–59.

Strehlow, G. (2012): Scham und Musiktherapie bezogen auf die Problematik des sexuellen Missbrauchs. In: Musiktherapeutische Umschau, Jg. 33, Heft 3, S. 228–237.

Unabhängige Beauftragte gegen den sexuellen Missbrauch von Kindern und Jugendlichen (2022): Der Podcast eins bis zwei. Folge 46. Katha Rosa. Berlin. https://beauftragte-missbrauch.de/mediathek/podcast-einbiszwei/folge-46-mit-katha-rosa.

Wölfl, A./Siebert, S. (Hrsg.): Musiktherapie mit Opfern von Missbrauch und Gewalt. Wiesbaden: Reichert Verlag.

BEZIEHUNG „SCHAFFEN“ MIT SEXUELL MISSBRAUCHTEN KINDERN UND JUGENDLICHEN – ANREGUNGEN AUS ERFAHRUNGSWISSEN UND WISSENSCHAFT | ANGELA MARQUARDT, SILKE BIRGITTA GAHLEITNER

Das Interview stützt sich insbesondere auf folgenden Buchbeitrag: Marquardt, Angela & Gahleitner, Silke Birgitta (in Druck). Trauma und Beziehung in Beratungszusammenhängen: ein Dialog aus verschiedenen Perspektiven. In Saskia Bender & Barbara Thiessen (Hrsg.), Beratung in pädagogischen Kontexten. Perspektivierungen und Differenzierungen (Beiträge zur Beratungswissenschaft). Weinheim: Beltz Juventa. Wir danken dem Verlag Beltz Juventa für die Genehmigung.

KINDERSCHUTZ ALS GESAMTGESELLSCHAFTLICHE AUFGABE | ANNE EBERSTEIN, ASTRID HELLING-BAKKI

Avrahami, V. (2005): Visual art therapy’s unique contribution to the treatment of post-traumaticstress disorders. Journal of Trauma and Dissociation, 6(4), S. 5–35.

Crenshaw, D. (2006): Neuroscience and trauma treatment: Implications for creative therapists. In: L. Carey (Ed.), Expressive and creative arts methods for trauma survivors. Jessica Kingsley, S. 21–38.

Habetha, S./ Bleich, S./Sievers, C./Marschall, U./ Weidenhammer, J./ Fegert, J. M. (2012): Deutsche Traumafolgekostenstudie: Kein Kind mehr – kein(e) Trauma(kosten) mehr? Kiel, Schmidt & Klaunig, 2012. Schriftenreihe / IGSF Institut für Gesundheits-System-Forschung GmbH Kiel, Bd. III

Häuser, W./Schmutzer, G./Brähler, E/Glaesmer, H. (2011): Misshandlungen in Kindheit und Jugend. Deutsches Ärzteblatt, 108 (17), S. 287–94.

Jarczok, M./ Lange, S./Meinck, F./Witt, A./ Clemens, V./ Fegert, J. M./Jud, A. (2023): Widening epidemiological data on the prevalence of child maltreatment: Validation of the German ICAST-R in a student sample and national household survey. In: Child Abuse & Neglect, 137. Jg., Artikelnummer 106038.

Koalitionsvertrag (2025): Verantwortung für Deutschland. Koalitionsvertrag zwischen CDU, CSU und SPD. 21. Legislaturperiode.
Mühlmann, T. (2020): Personal im Jugendamt und im ASD. In: KomDat, 23. Jg., H. 1, S. 6–10.

PKS (2024): Polizeiliche Kriminalstatistik Bundeskriminalamt 2024. Version 5.0.

Tronto, J. (1993): Moral Boundaries: A Political Argument for an Ethic of Care. New York: Routledge, 1993.

Tronto, J. (2013): “Redefining Democracy as Settling Disputes about Care Responsibilities“. Caring Democracy: Markets, Equality, and Justice, New York, USA: New York University Press, 2013, S. 17–45.

van der Kolk, B. A. (2006): Clinical implications of neuroscience research in PTSD. Annals of the New York Academy of Sciences, 1071, S. 277–293.

Witt, A./Brown, R. C./Plener, P. L./Brähler, E./Fegert, J. M. (2017): Child maltreatment in Germany: prevalence rates in the general population. Child and adolescent psychiatry and mental health, 11(1), S. 1–9.

Witt, A./Rassenhofer, M./Allroggen, M./Brähler, E./Plener, P. L./Fegert, J. M. (2019): The Prevalence of Sexual Abuse in Institutions: Results from a Representative Population-Based Sample in Germany. Sexual abuse: a journal of research and treatment, 31(6), S. 643–661.

Online:
Dt. Institut für Menschenrechte (2025): Istanbul Konvention. https://www.institut-fuer-menschenrechte.de/menschenrechtsschutz/europarat/menschenrechtsabkommen-des-europarats/istanbul-konvention (abgerufen am 05.08.2025).

AUTOR*INNEN-VERZEICHNIS

DR. DIRK BANGE

Diplompädagoge, 1992 bis 1996 hauptamtlicher Mitarbeiter bei der Kontakt- und Informationsstelle gegen sexuellen Missbrauch an Mädchen und Jungen Zartbitter Köln. Seit 1996 wissenschaftlicher Mitarbeiter der Sozialbehörde Hamburg. Derzeit Leiter des Amtes für Familie in der Behörde für Schule, Familie und Berufsbildung. Fachautor mit den Schwerpunkten sexualisierte Gewalt, Kinderschutz und Kinder- und Jugendhilfe

dirk.bange@soziales.hamburg.de

ESTELLA COTTINI

Studium der Europäischen Kunstgeschichte und Klassischen Archäologie sowie Betriebswirtschaftslehre mit Schwerpunkt Marketing, Lehrbeauftragte der DHBW Mannheim, Lehrschwerpunkte: Kunstmarketing, Digitales Marketing und Corporate Social Responsibility

estella.cottini@gmail.com

ANNE SOPHIE EBERSTEIN

ist als Politikwissenschaftlerin und Projektmanagerin der World Childhood Foundation Deutschland in der Implementierung des Childhood-Haus Konzeptes an neuen Standorten in Deutschland tätig. In der Projektumsetzung des Childhood-Haus Konzeptes berät sie die Projektpartner*innen zu allen Fragen der interdisziplinären Konzeptimplementierung im Sinne der Barnahus Qualitätsstandards. Darüber hinaus liegt ihr Fokus auf Projekten zu interdisziplinären Fort- und Weiterbildungsprogrammen in den Bereichen Kinderschutz und kindgerechte Justiz

Anne.Eberstein@childhood-de.org

MARIE-LUISE FAHR

M.A., ist Doktorandin am Institut für Erziehungswissenschaft der Justus-Liebig-Universität Gießen und Referentin für die Arbeit mit jungen Familien beim Zentrum Bildung und Gesellschaft der EKHN. Arbeits- und Forschungsschwerpunkte: Erwachsenen- und Familienbildung, Digitalisierung, Paar- und Familienforschung, Care-Arbeit und Ungleichheit

fahr_ml@posteo.de

PROF. DR. PHIL. HABIL. SILKE BIRGITTA GAHLEITNER

Studium der Sozialwissenschaften, Promotion in Klinischer Psychologie, Habilitation in den Erziehungswissenschaften, langjährig als Sozialarbeiterin und Psychotherapeutin in sozialtherapeutischen Einrichtungen für traumatisierte Frauen und Kinder sowie in eigener Praxis tätig, seit 2006 Professorin für Klinische Psychologie und Sozialarbeit an der Alice-Salomon-Hochschule Berlin, seit 2022 Mitglied der Kommission zur Aufarbeitung sexuellen Missbrauchs

silke.gahleitner@icloud.com

PROF. DR. PHIL. JULIA GEBRANDE

ist Professorin für Soziale Arbeit im Gesundheitswesen an der Hochschule Esslingen, Ansprechperson für Fragen im Zusammenhang mit sexueller Belästigung und anderen Formen sexualisierter Gewalt, Vorsitzende der Unabhängigen Kommission des Bundes zur Aufarbeitung sexuellen Kindesmissbrauchs, Schwerpunkte: Soziale Arbeit nach traumatischen Erfahrungen, Aufarbeitung, Prävention und Intervention sexualisierter Gewalt

julia.gebrande@hs-esslingen.de

MANUEL HAGEL

ist Abgeordneter für den Alb-Donau-Kreis im Landtag von Baden-Württemberg, Vorsitzender der CDU-Landtagsfraktion, Landesvorsitzender der CDU Baden-Württemberg und Spitzenkandidat zur Landtagswahl 2026. Er ist diplomierter Bankbetriebswirt und war von 2014 bis zum Einzug in den Landtag Filialdirektor der Sparkasse Ehingen

manuel.hagel@cdu.landtag-bw.de

DR. ASTRID HELLING-BAKKI

ist Geschäftsführerin und Vorständin der World Childhood Foundation Deutschland sowie Senior Advisor im EU geförderten PROMISE Elpis Projekt der Charité. Sie ist Fachärztin für Kinder und Jugendmedizin, Kinderschutzmedizinerin und hat langjährige praktische und strategische Erfahrung zu den Themen Kinderrechte und Kinderschutz. Ihr Tätigkeitsschwerpunkt im Rahmen der Stiftungsarbeit liegt aktuell in der Entwicklung und Skalierung des Childhood-Haus Konzeptes in Deutschland

astrid.helling-bakki@childhood-de.org

PROF. DR. HABIL. HEINER KEUPP

Studium der Psychologie und Soziologie, Diplom, Promotion und Habilitation in Psychologie, war von 1978 bis 2008 Professor für Sozial- und Gemeindepsychologie an der Universität München. Aktuell Gastprofessor an der Universität Bozen. Kommissionsvorsitzender für den 13. Kinder- und Jugendbericht der deutschen Bundesregierung zur Gesundheitsförderung und Prävention (2007 – 2009). Arbeitsinteressen beziehen sich auf soziale Netzwerke, gemeindenahe Versorgung, Gesundheitsförderung, Jugendforschung, individuelle und kollektive Identitäten in der Reflexiven Moderne, Bürgerschaftliches Engagement und Missbrauch in pädagogischen und kirchlichen Institutionen (Kloster Ettal, Stift Kremsmünster, Odenwaldschule). Seit 2016 Mitglied der vom deutschen Bundestag beschlossenen Unabhängigen Kommission zur Aufarbeitung sexuellen Missbrauchs

heinerkeupp@psy.lmu.de

LENA KNAEBE

M.A. Erziehungswissenschaft, ist wissenschaftliche Mitarbeiterin an der Hochschule Hannover. Ihre Forschungsschwerpunkte sind: Kinderschutz, Kinder- und Jugendhilfe, sexualisierte Gewalt gegen junge Menschen

lena.knaebe@hs-hannover.de

KATHARINA LOHSE

ist Volljuristin, Fachliche Leiterin des Deutschen Instituts für Jugendhilfe und Familienrecht e. V. (DIJuF), Kinderschutz, Kinder- und Jugendhilfe-, Kindschafts- und Vormundschaftsrecht

lohse@dijuf.de

ANGELA MARQUARDT

ist Referentin bei der Bundesbeauftragten für den Datenschutz und die Informationsfreiheit, Politologin, seit 2020 Mitglied im Betroffenenrat bei der UBSKM, Schwerpunkte: Aufarbeitung sexualisierter Gewalt in Familie und Institutionen, Betroffenenbeteiligungsprozesse, Fortbildungen zu sexualisierter Gewalt, Schutzkonzepte

angela.marquardt@betroffenenrat-ubskm.de

KRISTINA MICHEL, M.SC.

Wissenschaftliche Mitarbeiterin, Fraunhofer IPA, Physiotherapeutin Medizintechnik-Ingenieurin, Applied Biomechanics and Biosignals Sensing

kristina.michel@ipa.fraunhofer.de

ARMANDO MILANO

ist amerikanisch-italienischer Filmregisseur, Kameramann und Fotograf mit internationaler Ausstellungspräsenz, Absolvent der New York Film Academy in Filmmaking (BFA), Fotograf der Foto-Serie für „Kunst gegen Missbrauch“

armandomilano.com

NEZILLA

ist deutsch-italienische Künstlerin, Schwerpunkt Skulpturen und Installationen, Studium in Design und Illustration (M.A.), internationale Ausstellungserfolge mit der Skulptur „Paperbomb“, welche an bedeutenden kriegshistorischen Orten dauerhaft ausgestellt wird, sowie mit Werken wie „Invasion“, „Transform“ und „Trust“, Initiatorin des Projektes „Kunst gegen Missbrauch“, Lehrbeauftragte der RWU Hochschule Ravensburg-Weingarten – Seminar “Art as Protest”

nezilla.eu

DR. MED. URS SCHNEIDER

ist wissenschaftlicher Direktor Gesundheit, Fraunhofer IPA, Forschungsbereichsleiter Mensch-Technik-Interaktion IFF, Universität Stuttgart, Executive Director Europe, Wearrable Robotics Association WearRa

urs.schneider@ipa.fraunhofer.de

ANDREAS STENGER

ist Präsident des Landeskriminalamtes Baden-Württemberg, langjährige Führungserfahrung in Polizei und Innenministerium, Schwerpunkte Kriminaltechnik, Forensik, Internationale Zusammenarbeit, Gewalt in engen sozialen Beziehungen, Femizide und Intimizide, Jugendkriminalität und städtebauliche Kriminalprävention

Andreas.Stenger@polizei.bwl.de

PROF. DR. MARTIN WAZLAWIK

ist Professor für Soziale Arbeit mit dem Schwerpunkt Kinder- und Jugendhilfe. Seine Forschungsschwerpunkte sind: Prävention, Intervention und Aufarbeitung bei/von sexualisierter Gewalt, Kinderschutz, Hilfen zur Erziehung, Pädagogische Professionalität

martin.wazlawik@hs-hannover.de

PROF. DR. JULIA WEGE

ist Professorin für Methoden und Grundlagen der Sozialen Arbeit an der RWU Hochschule Ravensburg-Weingarten, Gründung 2013 Beratungsstelle Amalie für Frauen in der Prostitution des Diakonischen Werks Mannheim, Lehr- und Forschungsschwerpunkte Gemeinwesenarbeit und Stadtteilentwicklung, Methoden und Theorien der Sozialen Arbeit, Prostitution, sexualisierte Gewalt, ISNI: 0000000528090551

julia.wege@rwu.de

DR. GESA WIECZOREK

hat Kunstgeschichte sowie Medien- und Kommunikationswissenschaft in Hamburg und Florenz studiert und arbeitet für die rem gGmbH Stiftungsmuseen der Reiss-Engelhorn-Museen, Mannheim. Ihre Schwerpunkte liegen auf zeitgenössischer Kunst sowie auf der Malerei des 19. Jahrhunderts, wobei sie sich insbesondere mit der politischen Rolle von Landschaftsgemälden beschäftigt.
ORCID: 0000-0003-4756-3647

gesa.wieczorek@mannheim.de

FELICITAS YANG

ist deutsch-chinesische Filmregisseurin, Kamerafrau und Fotografin mit internationaler Ausstellungspräsenz, Absolventin der New York Film Academy in Filmmaking (BFA), Fotografin der Foto-Serie für „Kunst gegen Missbrauch“

felicitasyang.com

JULIUS WOLF

ist Betroffener von sexualisierter Gewalt in der Kindheit, Fachberater in der Fachberatungsstelle faX bei sexualisierter Gewalt in Kindheit und Jugend Kassel, Künstler und Schreibender, Sozialarbeiter sowie Referent

j.wolf@fax-kassel.de

Claudias Geschichte Geschichte